Für:

_____

Von:

_____

ISBN 978-3-649-63934-3

© 2021 Coppenrath Verlag GmbH & Co. KG,
Hafenweg 30, 48155 Münster, Germany
Grafische Gestaltung: Stefanie Bartsch
Fotos: Shutterstock.com
Textsammlung: Daniela Vogel
Redaktion: Christina Bloem

www.coppenrath.de

Adventsgeschichten für kluge Frauen

COPPENRATH

Inhalt

Weihnacht

Weihnacht – ein Zauber liegt in diesem Wort,

stille Hoffnung, Ruhe und Frieden.

Es berührt unsre Seele, unser Herz und Gemüt.

Ach, wär's uns doch immer beschieden.

Annemarie Wagner

Advent

Es ist Vorweihnachtszeit, nur mehr einige Tage hin bis zum Weihnachtsabend. Man merkt es an der Hektik, welche die Luft erfüllt, die Menschen erfasst. Natürlich hatte ich auch noch einige Einkäufe zu machen, kleine Geschenke für Freunde und Angehörige zu besorgen. Ich eilte durch die Straßen, an ebenfalls in Eile befindlichen Menschen mit Paketen beladen, vorbei. Es ist jedes Jahr das Gleiche.

Die Geschäfte sind bunt und weihnachtlich geschmückt, Weihnachtslieder schallen durch die sich öffnenden Türen der Kaufhäuser und bunte Glaskugeln bewegen sich im Wind. Von den Gesimsen der Kaufhäuser rieseln industriell erzeugte Leuchtketten und gaukeln Weihnachtsstimmung vor. Doch die Menschen sind übersättigt von den Reizen, die ihnen geboten werden, und es will so gar keine Adventstimmung aufkommen.

Frauen mit kleinen Kindern an der Hand eilen von Schaufenster zu Schaufenster und beachten gar nicht, dass die Kleinen bei dieser oder jener Auslage gerne stehen geblieben wären. Sie zerren die Kinder weiter. Es ist keine Zeit für staunende Kinderaugen.

Dann beginnt es auch noch ein wenig zu schneien. Mich fröstelt es und ich ziehe meinen Schal enger um den Hals. Einige kleine Päckchen baumeln an meiner Hand.

Dem Weihnachtsmann bin ich auch nicht begegnet, und es rieselt auch kein Goldstaub vom Himmel, um die Bäume im Park ein wenig weihnachtlicher aussehen zu lassen. Plötzlich finde ich, für heute genug gekauft zu haben, und entschließe mich, nach Hause zu gehen.

Die Wärme meines Wohnzimmers nimmt mich wohlig auf, und als ich mich dann in meinen Lieblingsstuhl kuschele, mit Genuss den heißen Tee schlürfe und in die kleine brennende flackernde Kerze blicke, kommt doch ein wenig Adventstimmung auf. Von irgendwoher dringt ein kleines Weihnachtslied an mein Ohr. Es sind die kleinen Dinge, wie diese kleine Flamme und die einfache Weihnachtsmelodie, die uns zu Herzen gehen. Aus den Augenwinkeln glaube ich auch noch, eine rote Kutsche mit einem Rentier davor über den Wolken vorbeihuschen zu sehen. Doch das muss wohl an der kleinen flackernden Kerze liegen, die bewegliche Schatten an das Fenster wirft.

Joana Angelides

Schnee

Schnee, zärtliches Grüßen
der Engel,
schwebe, sinke –
breit alles in Schweigen
und Vergessenheit!
Gibt es noch Böses,
wo Schnee liegt?
Verhüllt, verfernt er nicht
alles zu Nahe und Harte
mit seiner beschwichtigenden
Weichheit und dämpft selbst
die Schritte des Lautesten
in leise?
Schnee, zärtliches Grüßen
der Engel,
den Menschen, den Tieren! –
Weißeste Feier
der Abgeschiedenheit.

Francisca Stoecklin

1

rotwangigen Träume und Hoffnungen waren allmählich doch sehr blässlich und nebelhaft geworden. Nicht eine Antwort, die nur irgendwie verheißend gelautet hätte, war gekommen auf alle meine nett kouvertierten, von überaus höflichen Briefen an die Herren Theater-Direktoren begleiteten Sendungen.

Ich hatte meine Nachmittags-Spaziergänge aufgegeben und verbrachte die letzten hellen Tagesstunden mit meiner Stiefmutter. Das Buch, aus dem ich vorlas, hieß: »Die Makkabäer« und Otto Ludwig der Meister, der das herrliche Werk vollbracht hatte. Was der konnte, musste können, was der war, musste sein, wer sich ein Künstler und Dichter nennen wollte. Ich w a r nichts und ich konnte nichts. Ich brachte nur Schattengebilde hervor im Vergleich zu diesen lebensvollen, von Kraft strotzenden Gestalten. Und dabei würde es wohl immer bleiben. Die andern hatten recht und meine Misserfolge waren verdient. Meine Kehle schnürte sich zusammen, wie schwer war es, im Vorlesen fortzufahren! Wie froh war ich, als ich durch den Diener unterbrochen wurde, der meiner Mutter ein Paket Briefe übergab. Ich fragte nicht einmal wie sonst mit heuchlerischer Ruhe und wütend klopfendem Herzen: »Nichts für mich?«

Mein Herz klopfte nicht, es zitterte nur. Ich presste mein Gesicht in das Buch hinein, ich hätte mich mit seinem Geiste erfüllen, seinen Atem einsaugen mögen. »Da ist etwas für M. von Eschenbach: Bist du das vielleicht?«, fragte meine Mutter lachend und reichte mir über den Tisch ein bläuliches Kuvert mit dem Poststempel Karlsruhe. Ich seh es heute noch, ich sehe jeden Zug der markigen, liegenden Schrift auf der Adresse. Der Brief war vier Seiten, vier eng beschriebene Seiten lang; sein Inhalt eine warme Begrüßung, ein herzliches Lob, der Schluss: Wir werden Ihr Stück mit derselben Liebe und Sorgfalt einstudieren, mit der wir Otto Ludwigs »Makkabäer« einstudiert haben. Die Unterschrift, Eduard Devrient. Welches gläubige Gemüt hätte dieses wunderbare Zusammentreffen nicht für eine Verheißung, eine göttliche Fügung gehalten? Ich war plötzlich wie aus tiefster Tiefe in die höchste Höhe versetzt.

Marie von Ebner-Eschenbach

Im Winter

Im Winter 1860 schien plötzlich, was ich mein Schicksal nannte, sich freundlich gestalten zu wollen. Ich hatte Robertsons Geschichte Schottlands gelesen und »Maria Stuart in Schottland«, Schauspiel in fünf Aufzügen, geschrieben. Mein einziger Vertrauter und leider viel zu milder Kritiker war jetzt mein ehemaliger Lehrer, Herr C. M. Böhm.

Ihm übergab ich denn auch unter dem Siegel der Verschwiegenheit das Manuskript der »Maria Stuart« und erwartete mit namenloser Spannung sein Urteil. Ich war nicht zaghaft wie sonst; die Hoffnung auf ein Gelingen war nicht in dem Augenblick erloschen, in dem die Arbeit fertig dalag.

Am nächsten Mittwoch hoffte ich Gewissheit darüber zu erhalten; aber mein guter, getreuer Freund ließ mich nicht so lange warten. Der folgende Morgen schon brachte mir einen Brief von ihm. Er war freudig überrascht, er hatte mir das nicht zugetraut, er fand mein Stück vortrefflich und prophezeite einen glänzenden Erfolg. Nun begann für mich eine Zeit - wohl jedem, der eine solche einmal durchlebt hat! - Alle Seligkeit, mit der eine schöne Erwartung, ein festes Hoffen, ein Menschenherz erfüllen kann, habe ich damals genossen. Ein vollkommenes, ungetrübtes Glück, denn es blieb einzig und allein im Bereich der Fantasie. Die Außenwelt hielt ich von ihm fern, sie warf nicht einen Misston, nicht einen Schatten hinein. »Maria Stuart in Schottland« von M. von Eschenbach wurde als Manuskript gedruckt und an alle Bühnen Deutschlands versendet. Erst wenn Schreiben um Schreiben voll Zustimmung und Anerkennung eintreffen sollten, gedachte ich den Meinen zu verkünden: - Seht, seht, es ist doch etwas an meinem Talent, ich hab's doch zu etwas gebracht.

Wir zogen auf das Land. Der Sommer verging. Jeden Morgen erwachte ich mit der wonnigen Zuversicht: Heute - jeden Abend ging ich mit der Hoffnung schlafen: Morgen kommt die Erfüllung, das lang ersehnte Glück.

Am Nachmittag zur Stunde, in der der Postbote einzutreffen pflegte, litt es mich nicht mehr zu Hause, da ging ich ihm ein Stück Weges entgegen, um wenigstens den Anblick der großen, versperrten Ledertasche zu genießen, die er umgeschnallt trug. Aufgeschlossen wurde sie erst im Zimmer meines Vaters. Er hielt den Schlüssel zu dem Heiligtum in seiner Verwahrung. Meine schönen,

LÄCHELN
hat keine
NATION.

Schnee

Schnee, zärtliches Grüßen
der Engel,
schwebe, sinke –
breit alles in Schweigen
und Vergessenheit!
Gibt es noch Böses,
wo Schnee liegt?
Verhüllt, verfernt er nicht
alles zu Nahe und Harte
mit seiner beschwichtigenden
Weichheit und dämpft selbst
die Schritte des Lautesten
in leise?
Schnee, zärtliches Grüßen
der Engel,
den Menschen, den Tieren! –
Weißeste Feier
der Abgeschiedenheit.

Francisca Stoecklin

Advent

Es ist Vorweihnachtszeit, nur mehr einige Tage hin bis zum Weihnachtsabend. Man merkt es an der Hektik, welche die Luft erfüllt, die Menschen erfasst. Natürlich hatte ich auch noch einige Einkäufe zu machen, kleine Geschenke für Freunde und Angehörige zu besorgen. Ich eilte durch die Straßen, an ebenfalls in Eile befindlichen Menschen mit Paketen beladen, vorbei. Es ist jedes Jahr das Gleiche.

Die Geschäfte sind bunt und weihnachtlich geschmückt, Weihnachtslieder schallen durch die sich öffnenden Türen der Kaufhäuser und bunte Glaskugeln bewegen sich im Wind. Von den Gesimsen der Kaufhäuser rieseln industriell erzeugte Leuchtketten und gaukeln Weihnachtsstimmung vor. Doch die Menschen sind übersättigt von den Reizen, die ihnen geboten werden, und es will so gar keine Adventstimmung aufkommen.

Frauen mit kleinen Kindern an der Hand eilen von Schaufenster zu Schaufenster und beachten gar nicht, dass die Kleinen bei dieser oder jener Auslage gerne stehen geblieben wären. Sie zerren die Kinder weiter. Es ist keine Zeit für staunende Kinderaugen.

Dann beginnt es auch noch ein wenig zu schneien. Mich fröstelt es und ich ziehe meinen Schal enger um den Hals. Einige kleine Päckchen baumeln an meiner Hand.

Dem Weihnachtsmann bin ich auch nicht begegnet, und es rieselt auch kein Goldstaub vom Himmel, um die Bäume im Park ein wenig weihnachtlicher aussehen zu lassen. Plötzlich finde ich, für heute genug gekauft zu haben, und entschließe mich, nach Hause zu gehen.

Die Wärme meines Wohnzimmers nimmt mich wohlig auf, und als ich mich dann in meinen Lieblingsstuhl kuschele, mit Genuss den heißen Tee schlürfe und in die kleine brennende flackernde Kerze blicke, kommt doch ein wenig Adventsstimmung auf. Von irgendwoher dringt ein kleines Weihnachtslied an mein Ohr. Es sind die kleinen Dinge, wie diese kleine Flamme und die einfache Weihnachtsmelodie, die uns zu Herzen gehen. Aus den Augenwinkeln glaube ich auch noch, eine rote Kutsche mit einem Rentier davor über den Wolken vorbeihuschen zu sehen. Doch das muss wohl an der kleinen flackernden Kerze liegen, die bewegliche Schatten an das Fenster wirft.

Joana Angelides

auch die wahrhaft schöne und berechtigte Seite des Herrschertums: die Macht
zu beglücken, und gerade an dieser Möglichkeit scheitert der Wille. Welch arger
Widerspruch! Man müsste an der menschlichen Natur verzweifeln, wenn es
nicht gerade ein Beweis wäre, dass keiner ein allmächtiger Gott sein soll unter
Menschen und dass nur Gleichberechtigte eine vernünftige menschliche Einheit
bilden können.

Malwida von Meysenbug

Gedachtes

Wie kann die wunderschöne Legende der Weihnacht entstanden sein? Wahrscheinlich fühlte, im Anwachsen des Mythos, der sich nach und nach um die Person des Messias bildete, ein von Jesus begeisterter Gläubiger sich hingerissen, schon den Eintritt des Gottessohnes in die Welt mit allen Wundern himmlischer Teilnahme zu schmücken, wie es schon frühere Religionen mit ihren Stiftern getan. Denn der Mensch liebt es, das Unbegreifliche des Genius mit Wundern zu umgeben, während doch der Genius selbst das Wunder ist.

Es gibt Dinge in der Natur, deren Anblick beinah auf uns wirkt wie ein großes Ereignis, die uns befreien von der Last der persönlichen Existenz, indem sie uns dem Unendlichen, dem universellen Dasein vereinen. So ist das Meer.

Die Flamme des Geistes ist ein wohltätiges, stärkendes Licht, wenn sie im freien Äther der Erkenntnis, ungetrübt von irdischer Sorge, brennen kann. Aber sie wird zum verzehrenden Brand, wenn die Angst um das materielle Dasein sie schürt und nährt. Die Monumente setzt der schöpferische Genius sich selbst; dass er frei sei, sie sich zu setzen, müsste die Sorge seiner Zeitgenossen sein.

Eine Bekannte frug mich heute: »Glauben Sie, dass die Leidenschaft wirklich nötig ist, große Dinge zu schaffen?« Ich sagte ihr: »Ja, die Leidenschaft für die großen Dinge ist nötig, um sie zu schaffen, aber nicht die persönliche Leidenschaft, die immer egoistisch und exklusiv ist, außer wenn sie zur Leidenschaft für die großen Dinge führt.«

Die unegoistische Liebe ist ein arger Tyrann; sie zwingt uns mit unwiderstehlicher Gewalt zu immer neuen Opfern; dem Glück kann man entsagen, dem Mitleiden nicht. Die meisten Menschen lieben uns mehr um das, was wir tun, als um das, was wir sind.

Etwas zu sein ist das beste Mittel gegen das, etwas scheinen zu wollen.

Das Herz schließt endlich seine Pforten zu. Es ist ein Pantheon, in dem schon alle Nischen mit geliebten und verehrten Bildern besetzt sind; für neue ist kein Raum mehr da.

Der reifende Geist kann einsam sein und in der Einsamkeit die Fülle des Daseins genießen. Das Herz kann nur selig sein, wenn es das Leben einzelner geliebter und verehrter Menschen oder das von Tausenden schmücken kann. Das wäre

dein eigner Schädel, mach dich von deinem Schädel frei und begreife, dass der unendliche Raum dir gehört, dass man dich nicht fangen und nicht knechten kann, und dann wird dein Mut wachsen, wie Simsons Mut in der Kerkerzelle. Dann aber tritt heraus, nicht zur Rache, nicht zum Verderben, sondern mit dem breiten Flügelschlag höherer Geister, mit der errungenen Ruhe, mit dem Verzeihen, das aus weiten Fernen kommt und nicht mehr weiß, wer der Verfolger war. Nimm die Verfolgung als eine Tatsache auf, nicht als eine gewollte Übeltat oder Schmach. Denke, dass sie nicht gewusst, was sie taten. Denke, dass sie dich schon vergessen, als du noch im Elend in Banden gelegen.

Mut, Seele! Mut ist Verzeihen, Mut ist großmütig sein und über seinen eignen Leiden stehen. Mut ist steigen, auch wenn das Steigen unmöglich scheint. Mut ist schweigen, da, wo die andern geredet. Mut ist, sich verleumden lassen ohne ein Wimpernzucken und darüber hinweggehen, als hätte man es gar nicht gehört. Die Menschen haben viel weniger Gewalt über dich, als sie es meinen, da sie über deine Gedanken keine Macht haben. Die sind dein und bleiben dein, was sie auch sagen und wie sehr sie auch schreien mögen. Im engsten Raume bist du dennoch ein Herrscher, Seele, denn du beherrschst deinen Willen und dein Denken.

Das ist genug.

Carmen Sylva

Mut

Du weißt nicht, wie oft du auf deinem Weg selbst gezaudert hast und verlangst, dass alle die Überzeugung teilen, die du auf schweren Pfaden mühselig errungen. Du bist sicher, dass du nicht geirrt hast. Wer gab dir diese Gewissheit? Du hast nicht geirrt, wohlan, so werden deine Wahrheiten allen Menschen Wahrheiten werden, später, dann, wenn sie dich vergessen haben und deine Gegenwart sie nicht mehr zum Zorn reizt. Du weißt ebenso wenig, was die wirkliche Wahrheit ist, wie die andern. Du weißt nicht, warum du deine Überzeugung bis zum Tod verteidigen musst. Du weißt nicht, wozu du ein Werkzeug hast sein sollen, und hast nicht die Kraft zu sagen, dass es einerlei ist, ob du geopfert wirst, wenn nur die Sache, die du verteidigt hast, nach deinem Tod liegt. Du bist immer noch zu persönlich, und das hat dich furchtsam gemacht, Seele. Du hast nicht das Bewusstsein, dass du nur ein Teil von einem Ganzen bist und dass du an der Stelle, an der du stehst, stehen musst, vielleicht als Wogenbrecher, damit nicht noch größeres Unheil komme, aber Wogenbrecher zu sein, ist schon genug. Der kann nicht auch noch Reformator sein und Führer und Held, der Wogenbrecher ist. Bescheide dich mit deiner Laufbahn! Es hat schon manch einer verschmachten müssen, der gemeint hat, Armeen führen zu sollen.

Mut ist, immer wieder zu beginnen, sobald nur Atem in die Brust zurückgekehrt ist, auch wenn man dich hat zwingen wollen, abzuschwören und Pater Peccavi zu sagen, wenn du dich keiner Schuld anklagen kannst und gar keine Reue empfindest. Reue ist überhaupt nur ein Gefühl, das der Menschen halber entsteht, denn vor dir selber in deiner Einsamkeit, was solltest du da wohl bereuen? Robinson hatte nichts zu bereuen, da er keinen schädigen konnte. Du aber fürchtest, geschädigt zu haben, ganz in andrer Weise, als es die Menschen von dir behaupten. Du fürchtest, ins Unglück gestoßen zu haben, die deinem Schutz sich befohlen hatten. Und daher deine Reue.

Du hast keine einsame Insel im Ozean, daher deine Qual. Du möchtest sie finden, diese Insel, aber sie halten dich in Banden und lassen dich nicht fort. So finde sie doch in der eignen Brust, jene einsame Insel, wo es kein Weh mehr gibt und keine Reue und keine Schmach, wo du nur von Gottes himmlischer Luft umgeben bist. Finde sie, Seele, du hast ja Flügel bekommen, dein Kerker ist

Winternacht

Dicke Flocken tanzen leise
in der kalten Winternacht
und ich hab so in Gedanken
leise vor mich hin gesagt:

„Welche Ruhe, welcher Frieden
ist doch unterm Himmelszelt."
Ganz verzaubert blick ich nieder,
wie der Schnee aus Wolken fällt.

Auf der Tanne hier im Garten,
auf dem Busch, auf Weg und Haus
liegt ein weicher Wattemantel.
Wie im Märchen schaut es aus.

Und ich freue mich von Herzen,
öffne meine Arme weit:
„Sei willkommen mir, du liebe,
heil'ge schöne Weihnachtszeit."

Ich wünsche dir zum Weihnachtsfest
viel Ruhe und Besinnlichkeit
und außerdem, ich mein es ehrlich,
Glück, Frieden und Gelassenheit.

Ich wünsche dir zum Fest der Liebe
ein Kerzenlicht mit warmem Schein,
dann wird es auch in deinem Herzen
ein Weihnachtsfest der Freude sein.

Annemarie Wagner

Eine Heldin

Wie hat der Sturm gerast, wie wanden und beugten sich die Bäume, wie schmerzlich stöhnte ihr Geäst! Die welken Zweige knisterten und brachen, vom Stiele gelöste Blätter und ein Schnee von losgerissenen Jasminblüten tanzten einen tollen Wirbeltanz, gequält schlug das hohe, samenschwere Gras jagende, wild gekräuselte Wellen, und der Anblick, den der Garten bot, war der eines großen Leidens. – Blutbuche, du Blume unter den Bäumen, du üppigzarte mit dem dicht umwachsenen Stamme, den harmonisch, wie eine schöne Melodie ausklingenden Zweigen empfandest die Qual am tiefsten. ›Gnade! Spiele nicht so unbarmherzig mit mir!‹, schienest du Sturmgepeitschte zu rauschen ... Deine Nachbarin, die stämmige Fichte neben dir – die klagte nicht, die nahm den Kampf mit dem schonungslosen Element trotzig auf.

Vor Jahren, ja, da ist der Sturm ihrer Herr geworden, mitten entzweigerissen hat er ihren jungen edlen Leib. Einer klaffenden Wunde glich der breite, schräge Spalt, der ihr Inneres bloßlegte. Ihr Haupt, das keine andere Last je getragen als die ihrer duftenden Zapfenkrone oder die silberweiß schimmernder Schneeflocken, das keine andere Berührung je gefühlt als die der Flügel kleiner Sänger, die es jubelnd und zwitschernd umflogen, ihr stolzes Haupt lag auf dem Boden, und elendes Gewürm kroch heran und ergriff Besitz von der Todgeweihten.

Aber durch die Äste des kräftigen Strunks ging ein wundersames Beben; sie reckten und streckten sich, die niedrigsten selbst, selbst die auf dem Wiesengrunde ruhenden bogen ihre Spitzen zur Höhe strebend empor, wie durchzittert vor Sehnsucht und Ehrgeiz, selbst Wipfel zu werden ... Und der zerspellte Baum wuchs und wuchs in verjüngter Kraft, nicht mehr schlank wie früher, rüstiger, gedrungener, dem Kampfe besser gewachsen; trieb Zweige voll Mark und Saft, mit Nadeln schimmernd wie Seide, zäh und biegsam wie feinster Stahl, und bekrönte sich mit einem pfeilgeraden majestätischen Wipfel.

So steht die Heldin heute da, und wenn die andern Bäume wanken und sich im Sturme biegen, lässt sie sich wie spielend von ihm schaukeln, und wenn die Gefährten ächzen und stöhnen, erhebt sich in ihrem dunkeln Gezweige ein tiefes, fast drohendes Murmeln; sie klammert sich mit ihren Wurzeln eisenfest in die Muttererde und wiegt, umwettert und umtobt, in stolzer Ruh das immergrüne Haupt.

Marie von Ebner-Eschenbach

SCHNEEFLOCKEN
sind die
SCHMETTERLINGE
DES WINTERS.

Leistung, nicht die Person loben, und bitte immer hübsch angemessen, nicht zu viel, nicht zu wenig. Das Ganze läuft dann auch noch gern unter dem gruselig seelenlosen Begriff »Feedback«. Kein Wunder, dass wir ein derart verkrampftes Verhältnis zum Lob haben — und dass gleichzeitig der Frust über fehlende Anerkennung hier gut doppelt so groß ist wie im europäischen Durchschnitt, wie eine Studie kürzlich ergab.

Seit Brooklyn habe ich mir jedenfalls angewöhnt, alles Schöne und Gelungene ganz ohne irgendwelche Absichten zu kommentieren. Dafür gibt es jeden Tag hundert Gelegenheiten. Einer Supermarktkassiererin sage ich: »Unglaublich, wie schnell Sie sind«, einer Frau im Café neben mir, was für tolle Schuhe sie hat, einem Mann in seinem Vorgarten, wie schön seine Rosen sind; ein Autofahrer, der mich einfädeln lässt, bekommt ein Winken. Viele reagieren verunsichert, einige wenige fühlen sich fast unsittlich belästigt, aber die große Mehrheit freut sich einfach nur, ebenso wie ich. Denn das Loben der anderen betreibe ich aus völlig egoistischen Motiven: Erst mit freundlichem Blick auf die Welt stellt man fest, wie großartig sie eigentlich ist, wie viel täglich klappt, wie schön das Leben in all seinen Kleinigkeiten ist. Das bedeutet natürlich nicht, dass ich ständig mit seligem Lächeln durch die Straßen hüpfe. Bitte! Ich bin Norddeutsche! Wir hüpfen aus Prinzip nicht. Aber das genaue Hinschauen (und das tollkühne Aussprechen, wenn man sich über etwas freut) sorgt für ein warmes, flauschiges Gefühl der Zufriedenheit, das sonst auf legalem Weg nur schwer zu erreichen ist. Müssen Sie unbedingt mal probieren.

Und: Danke, dass Sie diesen Text bis hierher gelesen haben. Leser wie Sie kann man sich nur wünschen. (Ah, das tat gut.)

Meike Winnemuth

Das Loben der Anderen

Es ist so verdammt einfach, die Welt blöd zu finden. Die Bahn hat schon wieder Verspätung, der Kaffee ist zu teuer, wieso macht sich die Kuh so breit auf dem Sitz? Und was hat der Typ bloß für ein unmögliches Hemd an! Es gibt nicht wenige Menschen, die sich glücklich jeden Tag versauen, indem sie diesen leicht säuerlichen, schmaläugigen Blick auf ihre Umgebung werfen, fast schon auf der Lauer nach Dingen, die sie ärgern oder wurmen könnten. Das Wetter, die Politik, das plärrende Kind — wie nervig! Und wie herrlich, sich darüber aufzuregen! Wir leben in einer Kritikgesellschaft, einer ausgesprochenen Meckerkultur. Schon in der Schule ging es vor allem darum, Fehler anzustreichen: Nicht das Gelingen wird belohnt, sondern das Scheitern bestraft. Wenn etwas gut läuft, scheint das nicht weiter der Rede wert. Oder wie der Psychiater Fritz Simon sagt: »Das deutsche Prinzip lautet: Solange alles funktioniert, gibt es keine Reaktion. Nicht geschimpft ist gelobt genug.«

Dass es auch anders geht, habe ich gelernt, als ich für ein paar Monate nach Brooklyn zog. Die New Yorker sind Meister des beiläufigen Lobens, des Kompliments im Vorübergehen. »Great pedicure, honey«, sagt eine Frau beim Blick auf meine Füße und ist schon um die nächste Hausecke verschwunden. »I like your shirt«, höre ich in der U-Bahn, »excellent choice«, sagt der Buchhändler, wenn ich ihm den neuen Jan McEwan auf den Kassentisch lege. Dieses dauernde wohlwollende Kommentieren war für mich zuerst ein Schock, die klassisch deutsche Reaktion ein misstrauisches »Was wollen die von mir?«. Die Antwort: nichts. Die sagen nur, was ihnen gefällt. Und das macht allen Beteiligten unwahrscheinlich gute Laune: Diejenigen, denen was Schönes auffällt, freuen sich drüber, diejenigen, denen es gesagt wird, noch viel mehr. Eigentlich ganz einfach.

In Deutschland dagegen haben Komplimente fast immer den Beigeschmack manipulativer Unehrlichkeit. Lob scheint hier lediglich Mittel zum Zweck zu sein — und grundsätzlich nur von oben nach unten erfolgen zu dürfen. In Lobratgebern für Eltern und Führungskräfte wird der korrekte Einsatz von Lob zur Leistungssteigerung, zur »Wertschöpfung durch Wertschätzung« (zynische Managementtrainer sprechen gern vom Milka-Effekt — glückliche Kühe geben mehr Milch ...) oder als pädagogisches Instrument gelehrt: Bitte stets die

7

Blümchen, das noch mitten im Schnee und Eis aufgesprossen ist und deshalb sein Leben lang ein bisschen fröstelt, sich im Leben nicht heimisch fühlt und zarte Treibhauspflege braucht.

Über Ihren Rodin zu Weihnachten habe ich mich mächtig gefreut und hätte Ihnen gleich gedankt, wenn mir Mathilde nicht gesagt hätte, dass Sie in Frankfurt sind. Was mich besonders angenehm berührt hat, ist der Natursinn Rodins, seine Ehrfurcht vor jedem Gräslein im Felde. Das muss ein Prachtmensch gewesen sein: offen, natürlich, überströmend von innerer Wärme und Intelligenz; er erinnert mich entschieden an Jaurés. Mögen Sie meinen Broodcoorens? Oder kannten Sie ihn schon? Mich hatte dieser Roman sehr ergriffen, namentlich die landschaftlichen Schilderungen sind von höchster poetischer Kraft. Dem Broodcoorens scheint offenbar, genau wie dem De Coster, dass »über dem Lande Flandern« die Sonne viel herrlicher auf- und untergeht als über der sonstigen Erde. Ich finde, dass die Flamen alle in ihr Ländchen förmlich verliebt sind, sie beschreiben es nicht wie ein Stück schöne Erde, sondern wie eine strahlende junge Braut. Und auch in dem düster-tragischen Ende finde ich eine Verwandtschaft der Farben mit den grandiosen Bildern im Till Eulenspiegel, z. B. mit der Demolierung des öffentlichen Hauses. Finden Sie nicht auch, dass diese Bücher im Kolorit ganz an Rembrandt erinnern: das Dunkle der ganzen Bilder, gemischt mit einem funkelnden Altgoldton, der verblüffendste Realismus aller Details und doch das Ganze in eine märchenhafte Fantasieregion entrückt.

Schreiben Sie bald! Ich umarme Sie und drücke Ihnen warm die Hand, seien Sie ruhig und heiter, trotz alledem.

Liebste Sonitschka, auf Wiedersehen!

Wann wollen Sie kommen?!

Sonjuscha, wollen Sie mir die Liebe tun: Schicken Sie der Mathilde J. Hyazinthen von mir. Ich erstatte es Ihnen, wenn Sie hier sind.

Ihre Rosa

Rosa Luxemburg

Briefe aus dem Gefängnis

Breslau, den 14. Januar 1918

Meine liebste Sonitschka, wie lange habe ich Ihnen nicht geschrieben! Ich glaube, es ist Monate her. Und auch heute weiß ich nicht einmal, ob Sie schon in Berlin sind, will aber hoffen, dass diese Zeilen Sie noch rechtzeitig zu Ihrem Geburtstag erreichen. Ich bat Mathilde, Ihnen von mir einen Orchideenstrauß zu schicken. Nun liegt die Ärmste im Krankenhaus und wird wohl kaum meinen Auftrag ausführen können. Doch Sie wissen, dass ich in Gedanken und mit ganzem Herzen bei Ihnen bin und Sie an Ihrem Geburtstage ganz mit Blumen umgeben möchte: mit lila Orchideen, mit weißen Iris, mit stark duftenden Hyazinthen, mit allem, was zu haben ist. Vielleicht wird es mir wenigstens im nächsten Jahr vergönnt sein, Ihnen an diesem Tage selbst Blumen zu bringen und mit Ihnen zusammen einen Spaziergang im botanischen Garten und im Feld zu machen. Wie herrlich wäre das! Heute haben wir hier 0 Grad. Zugleich aber liegt in der Luft ein so linder, erfrischender Frühlingshauch und oben schimmert zwischen dicken milchweißen Wolken ein so tiefer blauer Himmel, dazu schilpen die Spatzen ganz fröhlich, man könnte denken, es sei Ende März. Ich freue mich schon so auf den Frühling, das Einzige, was man nie sattkriegt, solange man lebt, was man im Gegenteil mit jedem Jahr mehr zu würdigen und zu lieben versteht. Wissen Sie, Sonitschka, dass der Anfang des Frühlings in der organischen Welt, d. h. das Erwachen zum Leben, jetzt beginnt, Anfang Januar, ohne auf den Kalenderfrühling zu warten. Während nämlich nach dem Kalender erst der Winter beginnt, befinden wir uns in der größten astronomischen Sonnennähe, und dies hat eine so geheimnisvolle Wirkung auf alles Leben, dass auch auf unserer nördlichen Halbkugel, die in Winterschnee eingehüllt ist, zu Beginn des Januar wie mit einem Zauberstab die Pflanzen- und Tierwelt erweckt wird. Die Knospen fangen jetzt an zu treiben, viele Tiere fangen die Fortpflanzung schon an. Neulich las ich bei Francé die Beobachtung, dass die hervorragendsten wissenschaftlichen und literarischen Produktionen berühmter Männer in die Monate Januar–Februar fallen. Auch im Menschenleben soll also die Sonnenwende nach Weihnachten ein kritischer Moment sein und einen neuen Zustrom aller Lebenskräfte verursachen. Auch Sie, Sonitschka, sind so ein frühes

LET THE BELLS
ring out
for
Christmas

Wenn man die Eisenbahn verlässt, so versinkt nach wenigen Schritten mit einem Schlage die ganze Welt, in der man bisher gelebt hat, und es umfängt einen eine nie geschaute. Von allen Seiten ertönt der melancholische Ruf: »Gondola, Signora!«

Bald saßen wir in einer Gondel und fuhren auf dem Canale Grande im Mondschein unserem Hotel entgegen. Wachte oder träumte man? Unser Weg führte uns an wunderbaren alten Palästen vorüber, deren weiße Marmorfassaden wie Spitzen in den Himmel ragten. Gesang von allen Seiten: von den Balkonen, aus den Gondeln, an denen wir vorüberfuhren; dazu das leise Anschlagen der Wellen an unsere Gondel, die lautlose Stille um uns her, von keinem Wagengerassel, keinem Fabrikpfiff unterbrochen!

Eine Woche blieben wir in der Wunderstadt und lebten Tage wie nie zuvor. Ganz anders als in Rom, nicht ausgelöscht fühlte man sich, sondern verzaubert. Jeden Abend fuhren wir hinaus auf den Canale Grande, die berühmten Sänger zu hören, die dort in ihren Gondeln Konzerte gaben. Es gab ganze musikalische Aufführungen in kleinem Stil. Chöre und Sologesänge wurden von einem Streichorchester begleitet. Und dann erhob sich eine Männerstimme und sang mit Mandolinenbegleitung; voll Schönheit und Wohllaut schwangen die Töne sich über das Wasser.

Das alles war so wunderbar! Die deutsche Heimat mit ihren deutschen Liedern lag wieder plötzlich fern und wie fremd dahinten. Ich begriff ganz die Sehnsucht der Deutschen, die sie immer wieder über die Alpen, in das Märchenland, lockt, oft in Verderben und Tod. Und ich dachte: Wird nun die Sehnsucht nie in mir schweigen nach diesem Land mit seinem blauen Himmel und seinem Singen? Wird sie mir das Herz schwer machen oder Licht hineintragen in unsere dunklen Herbsttage und Winternächte?

Und dann war der letzte Tag in Italien gekommen. Mit einem Schmerz, wie man sich sonst nur von lieben Menschen trennt, löste ich mich von diesem Lande und fuhr in die mächtige Gebirgswelt der Schweiz hinein.

Ich war nach Italien gegangen, mit dem Gedanken, dort meine Stimme weiterzuentwickeln. Und ich hatte viel mehr und anderes gefunden.

In der Bibel wird von einem Mann erzählt, der auszog, seine verlorene Eselin zu suchen, auf seinem Weg aber ein Königreich fand und als König heimkehrte. So war es mir ergangen.

Monika Hunnius

Mein Weg zur Kunst

Ungefähr fünf Wochen waren wir in Rom gewesen. Dann schlug die Stunde des Abschieds. Wir hatten nur noch vierzehn Tage für den Süden: Neapel und Capri. Je tiefer man in den Süden kommt, desto mehr singt und klingt es - fast möchte ich sagen Tag und Nacht - in den Straßen und auf den Plätzen, in den Gärten und Osterien. O, diese italienischen Nächte voll fliegender Leuchtkäferchen, berauschendem Rosenduft und Gesang! Halbe Nächte sind wir hinter den Mandolinensängern dreingezogen, haben auf Gartenmauern am Meeresstrande gesessen. Dann sangen wir auch unsere Lieder, zwei- und dreistimmig, und ernteten begeisterte Anerkennung.

Wir kürzten unseren Aufenthalt ab, denn Neapel machte gar zu müde. Dieses Leben war beängstigend. Ich habe es das nächste Mal nicht so schlimm empfunden wie bei diesem ersten Besuch. Wie gerettet kamen wir uns vor, als wir das Schiff bestiegen, das uns nach Capri trug. Eine kurze Fahrt über das schimmernde Meer - und eine andere Welt umfing uns!

Fast zwei Wochen lebten wir ein Traumleben in Ruhe und Schönheit. Es war, als sei eine ganze Welt voll Licht und Klang um uns! In blühenden Myrthen saßen wir und blickten hinaus auf das blaue Meer in seiner Herrlichkeit; sahen hinüber nach Ischia, hörten die Fischer singen; und ich dachte mir oft: »So muss es im Paradiese sein«. Im Mondschein wanderten wir hinaus an den Strand, saßen auf den Klippen und sangen. Ich weiß nicht, wie es kam, aber in Capri konnte man auch deutsche Sehnsuchtslieder singen.

Dann kam der Abschied. Am letzten Abend zogen wir alle hinaus ans Meer. Hell lag der Mondschein über den Faraglioni und dem Strand. Da fing ich an zu singen. Es war das Heimatlied von Hans Schmidt, seine ›Hirtenweise‹: »O Heimatland, du liebes Land, wie keiner je ein lieb'res fand«.

Und ich wusste, dass trotz aller Herrlichkeit der Erde mein Herz der Heimat gehörte und gehören würde bis zu meinem letzten Atemzuge.

Als letzten Eindruck von Italien nahm ich noch einige Tage in Venedig mit. Meine Freundin Doris war in die Schweiz vorausgefahren und ich blieb mit Tante Elise Jung allein in Venedig, dem wundersamsten Ort, den ich in meinem Leben geschaut!

Mach jemanden RUNDUM glücklich!

sich dort zusammen, was irgend dem Hause nahestand und an einer herzlich gebotenen, zwanglosen Geselligkeit Freude fand; als die Söhne heranwuchsen, mit starker Betonung des jungen Elements. Und gerade da trat der besondere Zug sorgender Mütterlichkeit hervor, der die energische Frau doch so ganz weiblich erscheinen ließ. Ich habe es als einen besonderen Gewinn empfunden, dass mich der Wunsch, von Frauen auch ärztlich behandelt zu werden, frühzeitig in das Haus führte; ich lernte dadurch nicht nur viele hervorragende Vertreterinnen der Frauenbewegung kennen, sondern wurde auch mit den zahlreichen Zweigen der Wohlfahrtspflege bekannt, denen Henriette Tiburtius ihre nie ermüdende Teilnahme zuwandte. Von der »Theorie« der Frauenbewegung dagegen habe ich dort nie ein Wort gehört; Frau Tiburtius würde über die spekulative Betrachtung des »Feminismus« und »Antifeminismus«, in der sich heute eine ebenso altkluge wie unreife »Philosophie« junger Männer gefällt, herzlich gelacht haben. Sie war durch und durch Frau, dessen war sie sicher, und sie handelte ohne Reflexion ihrer Natur gemäß, ganz gleichgültig, ob sie dadurch in die sogenannte »männliche Sphäre« übergriff oder nicht.

Helene Lange

Henriette Tiburtius

Henriette Tiburtius war Pionierin der Frauenbewegung im allerbesten Sinne. Auf der Insel Sylt geboren, hatte sie die ganze Zähigkeit ihres niedersächsischen Stammes, aber nicht seine Schwerlebigkeit. Zweimal verheiratet, das zweite Mal in sehr glücklicher Ehe, und Mutter zweier Söhne, sah sie dennoch - vielleicht auch gerade deswegen - den Mann als solchen ganz ohne Illusionen und pflegte das Urteil, das »Isebies« über das »schwerbewegliche Geschlecht« fällt, in drastischerer Form auszusprechen, die Mann oder Söhne ihr wohl humorvoll selbst in den Mund legten: »Nicht wahr, Mutter, die Männer sind zu dumm.« Was sie vor allem bei ihnen nicht verstehen konnte, weil es ihr selbst so ganz fernlag, war die Aufrechterhaltung unberechtigter Konventionen. Zu diesen gehörte für sie das Privileg des Mannes auf Bildung, Stellung, Gesetzgebung. Und was weiter ihrem ganzen Wesen zuwiderlief, war die Gleichgültigkeit, die gegebene Zustände als unabänderlich hinnimmt. Jeder aber, der vorwärtsstrebte, ob er zunächst sich selbst oder anderen helfen wollte, war auch ihrer tätigen Teilnahme sicher. Ihr eigener Aufstieg war schwer genug gewesen. Als sie zwischen ihrer ersten und zweiten Ehe sich vergebens in Berlin nach einer passenden Stellung als Leiterin eines Haushalts umgesehen hatte, als ihr klar wurde, dass den Frauen weitere Berufe erschlossen werden mussten, setzte sie bei der preußischen Regierung die Erlaubnis durch - damals fast ein Wunder - in Preußen zu praktizieren, wenn sie in Amerika die Zahnheilkunde studiert haben würde. Sie brachte dann - im Herbst 1867 - auch noch die ganze Fakultät in Philadelphia in Aufruhr, als sie Aufnahme in das Pennsylvania Dental College verlangte - hatte doch noch keine Frau dort studiert. Aber sie setzte sich dort durch, wie sie sich später in Berlin durchsetzte und eine glänzende Praxis schuf, die sie als Frau und Mutter fortführte, beiden Berufen gerecht werdend.

Den Kreis, den sie und ihre Schwägerin, Dr. med. Franziska Tiburtius, die unter ähnlichen Schwierigkeiten und mit gleichem Erfolg die Bahn für die Ärztin in Deutschland gebrochen hatte, in ihrem Hause um sich sammelten, war keineswegs nur oder auch nur vorzugsweise aus Vertreterinnen der Frauenbewegung gebildet. Zwar kam keine Ausländerin von irgendwelcher Bedeutung auf diesem Gebiet durch Berlin, ohne das Tiburtius'sche Haus aufzusuchen, aber sonst fand

10

Die Worte der Pröpstin weiß ich leider nicht mehr, ich war indessen sehr erstaunt, dass sie mir vorwarf, ich hätte mit dem Spaziergang im Nachthemd über den Gang eine »Unsittlichkeit« begangen, während es weniger unsittlich war, dass die im vierten Schlafsaal stets zu mehreren in einem Bett geschlafen und ähnliche Sachen gemacht hatten; ferner, dass es »unglaublich« wäre, dass wir sechs ein paar Stunden in eben demselben Kostüm getobt hätten, wo wir uns doch jeden Tag beim Zubettgehen und Aufstehen gemeinsam bewegten und uns mit sehr viel weniger Bekleidung zu sehen bekamen. Die Logik dieses Verfahrens war mir nicht ganz klar.

Die anderen umstanden sämtlich die Tür der Pröpstin und erwarteten mich in Tränen schwimmend wiederzusehen und waren sehr erstaunt, als ich mich noch lange vor Lachen nicht zu fassen wusste.

Franziska zu Reventlow

Briefe: Altenburg

Bald nach Michaelis, im November, gab es eine große Geschichte, nach Aussage Sachverständiger die größte, die jemals in Altenburg passiert ist.

Die Erste unseres Schlafsaals, Hedwig Siegsfeld, war bei der Pröbstin, was zuweilen passierte, zum Tee eingeladen. Editha war die Zweite und sollte sie vertreten. Sie gab aber völlige Freiheit im Schlafsaal. Sobald das Mädchen die Nachtlampe angesteckt und den Schlafsaal verlassen hatte, ging der rasanteste Radau vor sich. Alles tobte herum, wir stellten lebende Bilder, tanzten, bliesen auf einer Mundharmonika etc. Dann fiel es uns ein, eine Entdeckungsreise zu machen. Hinter unserem Schlafsaal waren verschiedene Räume, wo Schränke standen etc. Mit der Nachtlampe bewaffnet zog ich voraus, sieben andere hinterher. Einige waren in den Betten geblieben. Wir leuchteten überall herum, fanden nichts Besonderes, wurden aber immer wilder. Wieder in den Saal zurückgekehrt, schoben wir dann den vor der Tür befindlichen Schirm zurück, wo eine Wache gestanden hatte. Im letzten Schlafsaal, wo eine Gabriele Pfeil, Feindin von meiner Flamme, Erste war, hörten wir Lachen und Sprechen. Es herrschte dort immer eine wüste Wirtschaft, da sie alles durchließ und es selbst, obwohl sie schon 18 Jahre alt war, am schlimmsten machte. Editha und ich schlichen also, Nachthemd bekleidet, mit bloßen Füßen über den langen Korridor an die anderen Schlafsäle, bliesen auf unserer Harmonika und warfen in den letzten einen Stiefel. Kein Mensch begriff, was da los wäre, dann liefen wir zurück, tobten noch, bis die Lehrerin und Erste heraufkamen und lagen dann schwer schnarchend in den Betten. – Derselbe Witz wiederholte sich im Laufe einiger Wochen dreimal. – Dann zeigte Gabriele Pfeil, die schon erwähnte Erste des vierten Saales, uns an. Nun folgte ein nicht zu beschreibender Aufruhr. Editha W. wurde gerufen und blieb eine halbe Stunde drin, musste alles gestehen und haarklein erzählen. Am nächsten Morgen kam ich dran, dann Gabriele Pfeil. Alles kam heraus.

G. Pfeil hatte indessen sich selbst schmählich hereingeritten, aus ihrem Schlafsaal kamen die haarsträubendsten Geschichten zu Tage, die man jedoch nicht annähernd so schlimm wie unsere Taten fand! Sie und ihre Sippe kamen mit einem Verweis davon, während an Edithas und meine Eltern Briefe abgingen und es drauf und dran war, dass wir beide abgeflogen wären.

Egal was du tust,
tu es
mit Liebe.

Glanz

manchen tagen fehlt der glanz
ich suche ihn im wintergrau
und finde ihn
erst spät
in der abenddämmerung
als sich ein alter mann
in der s-bahn neben mich setzt
eine flasche sterni bei sich
sein atem riecht nach billigem schnaps
und seine fingernägel erinnern an die eines gärtners
er macht meine vorurteile zunichte
als er ein buch herausholt
es sorgsam in den händen hält
seiten zärtlich blättert
bilder liebevoll betrachtet
und zu lesen beginnt
„der kleine könig dezember"
er ertappt mich
beim mitlesen
grinst und sagt
„mein lieblingsbuch"
da bin ich sicher
ich hab ihn gefunden –
den glanz dieses tages.

Hanna Buiting

Einfach nur so

Als das Postschiff in den Hafen einläuft, bricht Jubel aus. Die Blaskapelle spielt einen Tusch und das Schiff antwortet mit lautem Tuten darauf. Sie sind wieder da. Auf dem Weg in den hohen Norden, auf dem Weg zu den Polarsternen, auf ihrer Route zwischen Bergen und Kirkenes in Norwegen machen sie Station: die Schiffe, die früher einmal Post transportierten und heute Passagiere, die das Weite suchen und die sich nicht fürchten vor Tagen, an denen die Sonne nicht scheint und es kalt ist. Polarkreiskalt.

Die Kinder laufen umher und schwenken kleine norwegische Fähnchen. Es gibt gegrillten Fisch und ofenwarme Zimtbrötchen, Gløgg und Preiselbeerpunsch. Der ganze Ort scheint sich am Hafen versammelt zu haben. Warm angezogen, die Wangen rosig von der Kälte und vom Wein, feiern die Einheimischen der Küstenorte entlang der Hurtigruten ein Fest. Nicht, weil sich ein Ereignis jährt oder es eine bestimmte Tradition zu erfüllen gäbe, nicht mal unbedingt, weil ein Postschiff im Hafen einläuft, sondern einfach nur so. Weil das Leben es ab und zu wert ist, gefeiert zu werden.

Obwohl die Sonne nicht scheint und es kalt ist. Polarkreiskalt. Die Norweger feiern. Ihr Zusammensein. Den Tag. Das Leben. Einfach nur so.

Und ich stelle mir vor, das gäbe es bei uns. Vielleicht nicht irgendwann, sondern schon heute. Ich stelle mir vor, wir würden uns an den Häfen und Bahnhöfen unserer Städte und Dörfer versammeln. Das Ankommen oder Vorbeifahren von Schiffen und Zügen wäre uns Grund genug zum Feiern. Mit Instrumenten und mit Wimpelketten würden wir an Bahnsteigen und Fähranlegern stehen. Warm angezogen, die Wangen rosig von der Dezembernieselregenkälte und vom Glühwein mit Schuss. Es gäbe Grillwürstchen im Brötchen. Mit Ketchup und mit Senf. Und Kekse: Zimtsterne und Vanillekipferl. Kinderpunsch und Eierlikör. Wir würden feiern. Nicht, weil es einen konkreten Anlass gäbe. Es müsste nicht mal Nikolaus sein oder Weihnachten. Wir würden einfach das Leben feiern. Weil das Leben es ab und zu wert ist, gefeiert zu werden. Einfach nur so.

Hanna Buiting

MERRY EVERYTHING AND A *happy always!*

12

Natürlich drang das Gerücht von der Ankunft Katrin Hartmanns zu uns heraus, noch bevor die Baronin überhaupt eingetroffen war. Im Orient ist eine Frau, die ohne männliche Begleitung reist, immer noch eine Seltenheit, selbst wenn es sich nur um eine Sängerin oder um ein rumänisches Tanzmädchen handelt, das im »Pars« oder »Astoria« engagiert werden soll. Es war deshalb nicht erstaunlich, dass sich die ganze europäische Kolonie mit der Person Katrin Hartmanns beschäftigte. Eine Baronin? Eine Abenteurerin? Was wollte sie hier? Würde sie von der Gesandtschaft eingeladen werden?

***

Katrin Hartmann hatte ganz Teheran für sich gewonnen. Sie war mit Gaby Miles befreundet, malte ihr Turkmenenpferd und trainierte es für die Springkonkurrenz am Schluss der Schnitzeljagden. Sie ritt Ali Achmeds bestes Polopferd und besuchte seine Mutter, das gefürchtete Haupt der Familie Karagöl, zum Tee. Der dicke Emir Hossen gab für sie ein persisches Essen, sein ständiger Diener und Begleiter, der kleine Spaßmacher Aghbar, fuhr sie, wie ein Chauffeur, in seinem neuen Buickwagen umher, begleitete sie in den Bazar und zu den Antiquitätenhändlern. Sie ging mit Mr. Miles ins Gebirge, um Forellen zu fischen, mit Ali Achmed und seinen Brüdern auf deren Gütern in Kurdistan auf die Steinbockjagd. Sie hatte keine Zeit mehr, nach Abderabad zu kommen, aber sie schlug George und mir vor, in die Turkmenen-Steppe zu fahren, um dort die berühmten Pferderennen der Nomaden zu sehen.

***

Katrin ist eine Abenteurerin. Sie ist nach Persien gekommen, um über dieses großartige und merkwürdige Land ein Buch zu schreiben, und wenn sie sich auf ungewöhnliche und zuweilen abwegige Unternehmungen einließ, verzieh man es ihr, denn sie tat es, um Material für dieses Buch zu sammeln. Überhaupt verzieh man ihr alles, man war geneigt, ihren Mut zu bewundern, im Sturm gewann sie die ganze Hauptstadt.

Annemarie Schwarzenbach

Eine Frau allein

Sie kannte, als sie in der Hauptstadt ankam, niemand außer einem jungen Sekretär der dänischen Gesandtschaft, den sie, wie es hieß, vor Jahren in Neu-Mexiko oder Arizona getroffen hatte. Über Neu-Mexiko hatte sie ein Buch geschrieben, das bei seinem Erscheinen in ihrer Heimat Dänemark viel Aufsehen erregt hatte und später auch ins Englische übersetzt worden war. Aber das lag mindestens drei Jahre zurück, und die Leute, die das Buch gelesen hatten oder dies behaupteten, sprachen abschätzig darüber: Es sei das Buch einer Abenteurerin, und es sei darin weniger von Neu-Mexiko die Rede als von geschmuggeltem Whisky, von der glatten, bartlosen Haut junger Indianer* und vom Leben auf einer Ranch, wo sich die Leute an selbst gebranntem Alkohol und an der dünnen, trockenen Luft der Hochebene betranken, von Schulden lebten und nachts in den Maisfeldern lagen und sich liebten. Anscheinend verdankte das Buch seinen Erfolg ein paar schlechten Kritiken, die darüber geschrieben wurden, sowie dem Umstand, dass tatsächlich ein junger Indianerhäuptling* der Autorin bis nach New York nachgereist war und sich das Leben nahm, weil sie ihn nicht heiraten wollte. Sie kehrte dann zu ihrem Mann und ihren Kindern nach Dänemark zurück, und ihr Verleger, der den Erfolg des ersten Buches ausnützen wollte, versuchte vergeblich, sie zu einer neuen Reise zu überreden. Sie saß auf ihrem Gut, mitten in den Laubwäldern und fetten Weiden Dänemarks, und kümmerte sich um nichts als um ihre Pferde und Hunde und um ihre beiden Kinder.
Erst als sich herausstellte, dass ihr Mann in der Affäre Kreugher sein ganzes Vermögen eingebüßt hatte und dass er, ein abgedankter Kavallerieoffizier, in keiner Weise fähig war, Geld zu verdienen, entschloss sie sich, den Vorschlag des Verlegers anzunehmen und nach Persien zu reisen. Sie wusste nichts von diesem Land, aber das erleichterte es ihr vielleicht, den Vertrag zu unterschreiben und ihr Gut und ihre Kinder zu verlassen.
Sie kam im September an. Für Persien war es keine schlechte Jahreszeit, aber in der Stadt war die Hitze noch groß, und die Fahrt durch die Wüste und von Bagdad bis ins Gebirge musste fürchterlich gewesen sein. Ich arbeitete damals auf der Ausgrabung in Abderabad, unser Expeditionshaus lag nur eine halbe Stunde von der Stadt entfernt in einem Granatapfel-Garten.

von Tüchern zu reiben, bis es blitzt; das dritte, jeden Tisch, jeden Stuhl, jedes Bett, jeden Teppich mit mathematischer Präzision zu arrangieren; darauf werde ich Sie beinahe zugrunde richten durch ungezählte Massen von Torf und Holz, um in jedem Zimmer ein hellloderndes Feuer zu unterhalten; und endlich und zuletzt werden die beiden letzten Tage, welche der Ankunft Ihrer Schwestern vorausgehen, von Hannah und mir dem Schlagen von Eiern, Auslesen von Rosinen, Rösten von Gewürzen, Backen von Weihnachtskuchen, Schneiden von Fleisch und anderem kulinarischem Ritus gewidmet sein, von welchem Uneingeweihte wie Sie doch keinen Begriff haben. Kurz und gut, mein Zweck ist es, vor nächstem Donnerstag alles in einem Zustand der vollkommensten Bereitschaft zu Dianas und Marys Empfang zu haben; mein Ehrgeiz besteht darin, ihnen das *beau-ideal* eines Willkommens zu bieten, wenn sie kommen.«

[...] Glücklich war ich in Moor-House, und angestrengt arbeitete ich. Desgleichen Hannah. Sie war entzückt zu sehen, wie fröhlich ich sein konnte inmitten der Unruhe eines Hauses, in welchem das Unterste zuoberst gekehrt war – wie gut ich bürsten, abstäuben, reinigen und kochen konnte. Und wirklich nach zwei Tagen der heillosesten Verwirrung war es reizend, mit anzusehen, wie wir nach und nach Ordnung in das Chaos brachten, das wir selbst hervorgerufen hatten. [...] Als alles fertig war, erschien das Innere von Moor-House mir ebenso freundlich und sauber und gemütlich, wie es draußen um diese Jahreszeit winterlich einsam und öde und traurig war.

Charlotte Brontë

Jane Eyre

Das Weihnachtsfest war beinahe herangekommen, ehe alles geordnet war; die Zeit des Festes der ganzen Christenheit war nahe. Jetzt schloss ich die Schule von Morton [...]. Schon lange hatte ich voll Freude empfunden, dass manche meiner ländlichen Schülerinnen mich liebten, und als wir voneinander Abschied nahmen, wurde diese Empfindung vollauf bestätigt; sie legten ihre Anhänglichkeit für mich deutlich und ehrlich an den Tag [...]; so versprach ich ihnen denn, dass niemals eine Woche vergehen solle, ohne dass ich sie aufsuchen und ihnen eine Unterrichtsstunde in ihrer Schule geben würde.

Mr. Rivers kam, um die Tür zu verschließen, nachdem die Klassen, welche jetzt sechzig Mädchen zählten, an mir vorüberdefiliert waren; ich stand mit dem Schlüssel in der Hand da und wechselte noch einige besondere Abschiedsworte mit einem halben Dutzend meiner besten Schülerinnen [...].

»Betrachten Sie sich als wohl belohnt nach vielen Monaten der Mühsal und Anstrengung?«, fragte Mr. Rivers, als sie alle fort waren. »Gewährt das Bewusstsein, Ihrer Zeit und Ihrer Generation etwas wirklich Gutes geleistet zu haben, Ihnen nicht wahre Freude?«

»Ohne Zweifel.«

»Und Sie haben doch nur wenige Monate harte Arbeit getan! Wäre nicht ein ganzes Leben, welches der Aufgabe gewidmet, das Menschengeschlecht zu bessern, ein gut angewandtes Leben?«

»Ja«, sagte ich. »Aber ich hätte nicht für alle Zeit in dieser Weise leben können. Ich will mich ebenso gern an meinen eigenen Talenten und Fähigkeiten erfreuen, wie ich jene meiner Mitmenschen heranbilde. Und zwar muss ich mich ihrer jetzt freuen; führen Sie weder meine Seele noch meinen Leib in die Schule zurück; jetzt liegt sie hinter mir und ich muss einen ganzen Feiertag haben.«

Er sah sehr ernst aus.

»Was bedeutet das? Welche krankhafte Sucht nach Zerstreuung legen Sie jetzt an den Tag? Was haben Sie vor?«

[...] »Mein erstes Ziel ist, Moor-Hause vom Boden bis zum Keller einer gründlichen Reinigung zu unterziehen; (begreifen Sie die ganze Wucht dieses Ausdrucks?). Das nächste, es mit Bienenwachs, Öl und einer unbestimmten Anzahl

14

Diese große orangefarbene Spinne gewann mein Herz: sie war so geduldig und so weise. Jeden Tag hatte sie ihr kleines Scharmützel mit dem Rosenblattschneider, und stets zog sie sich mit demselben unfehlbaren Takt aus der Affäre. Die Biene, deren Weg dicht an ihr vorüberführte, blieb immer wieder im Netz hängen. Sofort begann sie dort zu summen und zu kratzen, riss an dem feinen Netz und gebärdete sich wie eine Verrückte, was natürlich die Folge hatte, dass sie sich immer mehr darin verirrte und das klebrichte Gewebe sich ihr sowohl um die Beine wie um die Flügel schlang.

Sowie die Biene ermattet und erlahmt war, kroch die Spinne zu ihr hin. Sie blieb stets in respektvoller Entfernung, aber mit der äußersten Spitze eines ihrer eleganten rot gestriften Beine gab sie der Biene einen kleinen Stoß, dass diese sich in dem Netz drehte. Und wenn die Biene sich wieder müde gesummt und getobt hatte, erhielt sie von Neuem einen ganz sanften Knuff und dann wieder einen und noch einen, bis sie sich wie ein Kreisel drehte, sich vor Wut nicht zu lassen wusste und so schwindelig wurde, dass sie sich nicht zur Wehr setzen konnte. Dabei aber drehten sich die Fäden, welche sie festhielten, immer mehr zusammen, die Spannung wurde so groß, dass sie rissen, und die Biene fiel auf die Erde. Ja, das hatte die Spinne natürlich gewollt.

Und dieses Kunststück wiederholten die beiden Tag für Tag, solange die Biene in der Rosenhecke Arbeit hatte. Nie lernte der kleine Tapezierer sich vor dem Spinnennetz in Acht nehmen, und nie zeigte die Spinne Zorn oder Ungeduld. Ich hatte sie wirklich alle beide gern, die eifrige, zottige kleine Arbeiterin wie die große, schlaue, alte Jägerin.

[...] Und wie die kleine Biene wiederkam, glich ihr Summen einer Hymne auf das Leben.

»O du schönes Leben,« sagte sie, »ich danke dir, dass die fröhliche Arbeit unter Rosen und Sonnenschein auf mein Los gefallen ist. Ich danke dir, dass ich dich ohne Angst und Furcht genießen kann. Wohl weiß ich, dass Spinnen lauern und Käfer stehlen, doch mein ist die fröhliche Arbeit und die mutige Sorglosigkeit. O du schönes Leben, du herrliches Dasein!«

Selma Lagerlöf

In den Kletterrosen

Ich möchte, dass die Menschen, unter denen ich meinen Sommer verlebt habe, ihre Blicke auf diese Zeilen fallen ließen. Jetzt, da die Kälte und die dunklen Nächte gekommen sind, möchte ich ihre Gedanken gern zu der hellen warmen Jahreszeit zurückführen.

Vor allem möchte ich sie an die Kletterrosen, welche die Veranda umrankten, erinnern, an die feinen, ein wenig spärlichen Blätter der Rosa Bengalensis, die sich im Sonnenschein wie beim Mondlicht in dunkelgrauen Schatten auf dem hellgrauen Steinfußboden abzeichneten und über alles draußen einen lichten Spitzenschleier warfen, und an ihre großen, hellen Riesenblumen mit den zerfetzten Rändern. [...]

Jetzt, da die Arbeitszeit gekommen ist, werde ich oft gefragt, womit ich meinen Sommer zugebracht habe. Da entschwindet alles andere meinem Gedächtnis, und es kommt mir vor, als hätte ich tagaus, tagein draußen auf der Veranda hinter den Kletterrosen gesessen und Duft und Sonnenschein eingesogen. Was ich dort getan? O, ich sah zu, wie andere arbeiteten.

Es gab dort eine kleine Tapeziererbiene, die vom Morgen bis Abend, vom Abend bis Morgen arbeitete. Aus den weichen grünen Blattscheiben sägte sie mit ihren scharfen Kiefern ein kleines zierliches Oval aus, rollte es zusammen, wie man eine richtige Tapete zusammenrollt, und flog, die kostbare Bürde fest an sich gedrückt, nach dem Parke hin, wo sie sich auf einem alten Baumstumpf niederließ. Dort vertiefte sie sich in dunkle Gänge und geheimnisvolle Galerien, bis sie schließlich den Boden eines lotrechten Schachtes erreichte. In seiner unbekannten Tiefe, in welche sich weder eine Ameise noch ein Tausendfuß je hineingewagt, breitete sie die grüne Blattrolle aus und bedeckte den unebenen Fußboden mit dem schönsten Teppich. [...]

Doch der kleine Rosenblattschneider war nicht der Einzige, der draußen in der Rosenhecke arbeitete. Es gab dort auch eine Spinne, eine ganz unvergleichliche Spinne. Sie war größer, als ich je eine Spinne gesehen hatte, sie war hellorangefarben mit einem deutlich punktierten Kreuz auf dem Rücken, und sie hatte acht lange rot und weiß gestreifte Beine, die alle ebenso hübsch gezeichnet waren. [...]

MÖGEN DEINE
SCHUHE
VOLLER SCHNEE
SEIN, DEINE
HAARE VOM
WIND
ZERZAUST UND
DEINE
AUGEN
STRAHLEND.

So etwas darf ein gutes Kind nun niemals tun, und ich wurde auch sehr bestraft für meine Sünde. Denn eines Tages, als es schon zu tauen begann, ich aber auf meinen unrecht erworbnen Schuhen weithin über die Eisfläche glitt, da geriet ich in das Gebiet der grauen Schwäne. Diese wohnten ganz hinten am See, dort wo es nur Schilf und auch wohl warme Quellen gab, die das Wasser am Gefrieren hinderten. Hier auf dem morschen Eis brach ich ein und wäre ganz sicher ertrunken, wenn -

Wenn unser Papa dich nicht rausgezogen hätte! setzte Minchens schrille kleine Stimme hinzu. Ja, die Geschichte kenne ich, denn Mama hat sie uns auch erzählt, und sie sagt, dass du gern tüchtig auf uns achtgeben kannst, weil du doch nicht mehr leben würdest, wenn mein Papa nicht gewesen wäre. Aber es ist sehr schön, dass du noch lebst, Tante Anneli! Und die Kleine streichelte meine Hände und sah mich so treuherzig an, dass sich mein Staunen in Lachen auflöste. Die Moral von meiner Geschichte ist ja nicht so ausgefallen, wie ich mir das gedacht habe. Ich wollte den Kindern einprägen, dass man keine Schulden bei Kaufleuten machen soll; aber Minchen zeigte mir, dass ich noch ganz andre Schulden gemacht habe. Zugleich musste ich lernen, dass es Frau Doktor Roland nur natürlich findet, wenn ich ihr die Sorge für ihre Kinder abnehme. Eigentlich möchte ich einmal mit Fred Roland über diese Angelegenheit sprechen; aber er ist noch immer nicht bei mir gewesen.

Charlotte Niese

Reifezeit

Nun ist das Fest schon wieder vorübergerauscht, und ich freue mich darüber, wie ich mich jedes Mal so sehr freue, wenn es kommen soll. Aber die Vorfreuden im Leben sind immer die besten, und wenn man mitten in der Freude stehn sollte, dann kommt allemal ein bitterer Nachgeschmack. Dieses Mal ist er eigentlich ausgeblieben, obgleich es mir hart war, dass der Junge kein gutes Zeugnis hatte und dass mein armer Walter so traurige Augen machte. Aber mein Mann wollte mir nicht die Festfreude verderben, und ich tat, als wäre sie mir nicht verdorben. Und gerade als unser Baum mit seinen vielen Lichtern brannte, da öffnete sich die Tür, und die drei Rolands traten ein. Ohne Feiertagsgewand und ohne alle Umstände. Bei ihnen sollte erst morgen gefeiert werden, da konnten sie also heute zu uns kommen. Sie wanderten um den Lichterbaum, betrachteten ihn mit kritischen Blicken und falteten ihre Hände, als Harald sein Weihnachtslied deklamierte. Und dann sagte Minchen etwas ganz Ähnliches her; wer es sie gelehrt hatte, wusste sie nicht mehr, aber sie konnte es. Und dann kam die Reihe an mich, und ich musste, auf allgemeines Verlangen, etwas aus meinem Leben erzählen. Kein Märchen, sondern etwas Wahres, wie mir geboten wurde, und mein Sohn Harald schlug vor, dass ich berichten solle, wie ich ins Wasser gefallen, aber wieder herausgezogen worden wäre.

Da erzählte ich also, und die kleine Schar setzte sich schweigend um mich herum. Ja, liebe Kinder, ich bin auch einmal ein Kind gewesen, obgleich ihr euch dies gewiss nicht denken könnt; aber es ist doch wahr. Und als ich ein Kind war, da wünschte ich mir zum Weihnachtsfest glühend ein Paar Schlittschuhe, denn unsre kleine Stadt lag hart an einem großen See, und wenn der Winter kam, dann war der ganze See eine glitzernde Eisfläche, und alle Knaben und Mädchen glitten darauf umher, dass es eine Lust war, anzusehen. Doch als das Weihnachtsfest kam, erhielt ich keine Schlittschuhe. Das betrübte mich tief, denn ich hatte mir das Eislaufen von einem Jungen zeigen lassen und konnte es schon ganz gut. Meine Kunst half mir aber nichts, denn die Schlittschuhe blieben aus. Ich war sehr niedergeschlagen, wie ihr euch denken könnt, und ich hatte auch keinen Menschen, den ich fragen konnte, was ich nun anfangen sollte. Da verfiel ich auf den unglücklichen Gedanken, mir ein Paar Schlittschuhe auf Borg zu nehmen.

Sleigh bells ring, ARE YOU listening?

16

schweben, wiegen sich hin und her; der Wind möchte sie noch nicht hergeben. Immer wieder bläst er, wirbelt sie erneut hinauf, kurz bevor sie sich zu ihren weißen Freunden am Boden gesellen können. Ich erfreue mich an diesem Tanz und lehne mich zurück. Eine Schneeflocke wird an mein Fenster gewirbelt. Ich betrachte sie genau, wie sie dort auf dem Glas plötzlich ganz still wird und einzig ihre natürliche Schönheit auf mich wirken lässt.

Nach und nach ebbt der Sturm ab, die Flocken werden weniger. Tiefe Stille legt sich wieder über das Tal. Ich blicke erstaunt hinaus. Es ist dunkel geworden, doch das Licht des vollen Mondes zeigt mir: Alles ist rein und klar und unberührt. Als hätte am heutigen Tag nie ein Fuß diese zarte weiße Decke berührt. Eine fast schon feierliche Stimmung ergreift mich. Ich nehme eine Kerze und zünde sie an. Sie flackert leicht, bevor auch sie dieselbe Ruhe überkommt, die vor meinem Fenster herrscht.

Welch ein herrlicher Wintertag.

Daniela Vogel

Ein Wintertag

Stille liegt über dem Tal. Es dämmert gerade erst und das allererste Licht des neuen Tages lässt mich den Atem anhalten. Der Winter hat über Nacht Einzug gehalten. Eine dichte Schneedecke glitzert mir entgegen. Die Straße, ein Teppich wie weißer Flaum, rechts und links davon hat jedes Haus seinen Winterhut bekommen, jede Tanne, jeder Busch ist reich beladen – als hätte man schützend eine flauschige weiße Decke über sie ausgebreitet. Ehrfurcht durchfährt mich beim Anblick solcher Schönheit, solcher Perfektion. So unberührt erscheint mir diese Welt vor meinem Fenster fast unwirklich, magisch. Ich lächle.

In der Ferne erregt plötzlich eine Bewegung meine Aufmerksamkeit. Dort auf weitem Feld steht ein Reh. Majestätisch hebt es den Kopf und lauscht, dann senkt es ihn wieder und es scheint, als würde auch das Tier ehrfürchtig den ersten Schnee dieses Winters bewundern.

Kein Geräusch stört dieses Wintermärchen. Die Ruhe ist fast greifbar und so wohltuend, dass ich hinaus auf die Terrasse trete und einfach ... atme. Kalte, klare Luft strömt in meine Lungen, mein Atem bildet eine zarte Wolke vor meinem Gesicht und ich genieße die Stille.

Es ist Tag geworden. Die Sonne hat Zeit für ein kurzes Zwischenspiel. Dort, wo sie hinter einer Wolke hervorblitzen kann, wirkt der Schnee wie glitzernde Kristalle – wunderschön und unbezahlbar.

Kinderlachen lässt mich aufhorchen. In kleinen Gruppen sind sie mit ihren bunten Schlitten unterwegs. Auch sie wollen sich dieses weiße Paradies nicht entgehen lassen und ziehen eifrig immer wieder ihre kleine Last den Hang hinauf. Ihr Juchzen ist fast wie helles Glockenklingen.

Zwei Jungen machen eine Schneeballschlacht. Die weiße Kugel trifft einen der beiden an der Schulter. Das Kind macht einen Satz ... und landet im Schnee. Lachend rappelt es sich wieder auf und der Spaß kann weitergehen. Herrlich, wie diese kleinen weißen Wunder namens Schneeflocken so einfach so viel Freude bringen können. Ich schaue dem Treiben in der Ferne noch lange zu und lasse meine Gedanken schweifen.

Es dämmert. Der Abend naht und plötzlich sehe ich sie – die ersten dicken Flocken, die vom Himmel fallen. Es werden mehr und mehr. Sie scheinen zu

uns treibt: Denn der Instinkt zeigt uns mit unfehlbarer Sicherheit, wo die Blume wächst, die man pflücken und schenken soll, wo die wunde Stelle in des andern Herzen ist, auf die man Balsam legen kann. Freude ist der Sonnenstrahl, der eine Kammer vergolden kann, und wäre es auch nur für einen Augenblick! Der Augenblick ist doch gewesen und zählt im Leben. Und der die Freude gebracht hat, ist doppelt erfreut, denn Freude machen ist von allen Erdenglückseligkeiten die größte. Sie ist so goldrein, so klar, so erhaben über alle niedrigen Gefühle, dass sie den veredelt, der sie spenden darf, und oft vor seinen eignen Augen besser erscheinen lässt. Denn der Strahl, der aus des andern Auge in das seine fiel, war noch weit wärmer als der, den er gebracht! O Seele! Freude und wieder Freude! Das sollte deine Losung sein! Freude und immer Freude!

Carmen Sylva

Freude

Hast du dich schon einmal so von ganzer Seele, aus aller deiner Kraft und mit all deiner Dankbarkeit gefreut, liebe Seele? Hast du gefühlt, wie es in dir aufjauchzte vor Entzücken, vor Überraschung, vor unsagbarer Seligkeit?

Weißt du wirklich, was das ist: Freude?

Oder was noch viel schöner ist: Hast du in deinem Leben schon die Gelegenheit gehabt, Freude zu machen? Weißt du, Seele, was das für ein Glück ist, Freude zu machen? Es ist vielleicht das einzige wirkliche, unzerstörbare Glück, das uns auf Erden geschenkt ist, und wir können nicht dankbar genug dafür sein. Wir wissen selbst nicht, welch hohe Gabe es ist, da wir oft nicht imstande sind, den Grad der Freude zu ermessen, die wir bereitet haben. Meistens macht man mehr Freude als man es gedacht und tut auch weher, als man es gewollt oder gefürchtet hat. Man liest so schwer das wunderbare verschlossene Sphinxbuch: eine andere Seele! Man steht davor und fragt sich, wie man hineindringen soll und ob man hineindringen darf. Am sichersten und besten dringt man mit einer großen und tiefen Freude hinein, nicht mit einem überwältigenden Geschenk, das vielleicht nicht den Wünschen des andern entspricht oder ihn sogar peinlich demütigt, weil es unverhältnismäßig ist: Aber mit einer ganz kleinen liebevoll erdachten Freude, damit kann man Wunder tun.

Eine Dame hatte gehört, dass eine andere in bitterste Not geraten war und nicht wusste, wie sie ihre zahlreiche Familie ernähren sollte, obgleich sie nicht zu stolz war, die geringste Arbeit zu verrichten, von früh bis spät. Sie besuchte sie und fand sie nicht zu Hause, ließ aber ein Veilchensträußchen für sie zurück als Liebesgruß. Die Verarmte freute sich mehr über dieses Freundschaftszeichen als über ein Geschenk, das ihr nur demütigend gewesen wäre. Freude machen ist eine ganz besondere und sehr große Kunst, die nur in des Herzens feinsten Tiefen erblühen und gepflegt werden kann. Denn es ist nicht leicht, es richtig anzufangen, und es gelingt nur dann, wenn man sich ganz in die Seele des andern versetzt und sich mit ihm freut, als wäre einem das Geschenk zuteilgeworden; manchmal ist ein Wort eine große Freude, manchmal ein Blick, ein Lächeln, ein Winken, ein Händedruck, der aus des Herzens Grunde gekommen ist und oft unbewusst getröstet und erquickt hat. Man sollte immer dem Instinkt folgen, der

Gute Freunde sind wie Sterne, sie sind immer da, auch wenn man sie nicht immer sieht.

Weihnachten

Weißer Flöckchen Schwebefall,
stille Klarheit überall,
Glockenklang und Schellenklingen,
Mäulchen, die vom Christkind singen,
Flammen, die von grünen Zweigen
gläubig, strahlend aufwärtssteigen,
und im tiefsten Herzen drinnen
ein Erinnern, ein Besinnen ...

Neige dich, mein Herz, und bete,
dass das Christkind zu dir trete,
auch in deiner Schwachheit Gründen
eine Flamme zu entzünden,
die das Ringen deiner Tage
gläubig strahlend aufwärtstrage.

Anna Ritter

Das Weihnachtsfest war nahe

Das Weihnachtsfest war nahe, wir konnten die Tage bis zum 24. Dezember schon an den Fingern abzählen, als sich etwas begab, das uns in die größte Aufregung versetzte. Vor unsern Nasen gleichsam verschwanden unsere Puppen. Auf einmal waren alle fort. Eine vollständige Puppenauswanderung hatte stattgefunden. Das Bett, in das Fritzi gestern noch ihre älteste Tochter, die große Christine, schlafen gelegt hatte, – leer. Die Angehörigen Christinens hinweggefegt, als ob sie nie da gewesen wären. Meine blonde Fanchette, die freilich von der Blondheit nur noch den Ruf besaß – denn eine geduldige Friseurin war ich nicht –, ebenfalls unauffindbar. Wir kramten vergeblich nach ihr in unsern Laden, durchforschten alle Schränke und Winkel. Wir liefen ins Kinderzimmer und klagten die armen kleinen Brüder des Raubes unserer Puppen an.

Dass wir auch im vorigen Jahre kurze Zeit vor Weihnachten denselben Jammer erlebt und dann unter dem Christbaum ebenso viele Puppen wie wir vermisst hatten, mit glänzend lackierten Gesichtern, reichem Gelock und schön gekleidet sitzen sahen, fiel uns nicht ein. O, wir waren dumme Kinder! Ich glaube nicht, dass es heutzutage noch so dumme Kinder gibt.

Marie von Ebner-Eschenbach

Weihnachtszeit! Hatte man sein eigenes Buch »durch«, was unter Umständen schon am zweiten Weihnachtstag der Fall sein konnte, so kamen die Bücher der Brüder an die Reihe. Die Indianerbücher* waren nicht im gleichen Grad verpönt wie die Backfischbücher, und man genoss sie aus Herzensgrund. Dazwischen ging man an den Tannenbaum, den wir weniger nach seiner Schönheit als seinem reellen Gehalt schätzten. Am Ersten war er an der weniger der Kontrolle ausgesetzten Rückseite leer gegessen: dann rissen allmählich alle Bande frommer Scheu, und wenn es am Silvesterabend zum offiziellen »Plündern« kommen sollte, war das gewöhnlich zu einem rein formalen Begriff geworden.

Die Poesie der Weihnachtsgeschichte bedeutete mir etwas, besonders in späteren Jahren. Aber der Brauch meines Elternhauses, an solche Dinge nicht zu rühren, entsprach ganz meinem Gefühl; innerliche Dinge machte man auch innerlich ab. Wenn die Schule daran rührte, so ging das noch, daran war man auch schließlich gewöhnt. Aber Feierlichkeit im Elternhaus empfand man peinlich, fast als eine Preisgebung. Gefühlsäußerungen gehörten überhaupt bei uns nicht zu den Familiengewohnheiten; ich habe einmal Tränen in den Augen meines Vaters gesehen: an dem Morgen, als meine Mutter beerdigt wurde, und erinnere mich auch nur einmal, dass er mich geküsst hat, als ich von einer längeren Reise zurückkam; es machte mich sehr verlegen.

Es ist keine bloße Ideenassoziation, wenn ich an die Weihnachtszeit noch die Erinnerungen an die glorreiche Schnee- und Eiszeit knüpfe, sondern es gehört ganz logisch in dieses Kapitel, denn eigentlich war diese ganze Zeit ein Fest. Ich weiß nicht, waren damals wirklich die Sommer sonniger und die Winter winterlicher als heute?

Helene Lange

Lebenserinnerungen

Dass Weihnachten unter den Festen der Glanzpunkt war, ist selbstverständlich. Etwa sechs Wochen vorher erschienen in den Bäckereien die ersten Vorzeichen: »Heiligenchristzeug«, ein Gebäck, das noch heute für mich der Inbegriff aller weihnachtlichen Gerüche, Geschmäcke und Gefühle ist; »braune Kuchen« kamen erst in zweiter Reihe. Das allerbeste gab es bei Bäcker Schütte in der Schüttingstraße. Es war mit allerlei altertümlichen Formen ausgestochen; wir hatten besondere Lieblinge darunter: Josua und Kaleb mit der Weintraube und den Elefanten. Ich bin nicht sicher, ob nicht der gerade bei diesen Figuren besonders ansehnliche Flächeninhalt dabei mitsprach; ein niedliches Pärchen, das in einer Laube saß, wurde selten gewählt, es wies zu viel Höhlungen auf.

Ein weiteres Vorzeichen waren die Weihnachtsarbeiten, aber ein weniger erfreuliches. Ich hatte drei Tanten zu besticken und für meinen Vater ein Paar Socken zu stricken, wobei mir seine Füße immer endlos lang vorkamen. Aber jeder Versuch, beim Messen zu »recken«, wurde von Fräulein Lambrecht unbarmherzig vereitelt. Obwohl im Allgemeinen eine »präparatorische Natur«, die gern rechtzeitig alles fertig hat, war ich doch immer noch im allerletzten Augenblick mit den unglückseligen Weihnachtsarbeiten beschäftigt. Das half dann freilich die fürchterliche Ungeduld dämpfen, mit der man das Klingeln zur Bescherung erwartete. Sie war bei uns recht bescheiden, aber nie hätten wir das empfunden. Da war ja der Mittelpunkt: das Buch! Daneben trat all das Notwendige und Nützliche, das sonst noch dalag, in den Hintergrund. Wir machten uns auch nie klar, dass wir Kleider und Handschuhe, Taschentücher und Strümpfe auch so im Lauf des Jahres hätten haben müssen; es war doch so ganz anders, wenn es unter dem Tannenbaum lag. Aber das Buch war die Hauptsache. Ich habe nie eines jener albernen Backfischbücher bekommen, die zu meiner Zeit schon anfingen, den jungen Mädchen den Magen zu verderben, auch nie Herzblättchens Zeitvertreib oder Thekla von Gumperts Töchteralbum, auch nicht »Hundert moralische Erzählungen«, aus denen man doch immer nur die Geschichten von den ungezogenen Kindern heraussuchte. Erst waren es Märchen und Sagen in schönen illustrierten Ausgaben, die ich bekam, dann Geschichtliches, dann Körner, Uhland, Hölty und was sonst meinem Verständnis erreichbar schien. Das war denn eine

A DREAM OF *love* *and* *peace* FOR EVERYONE

ich die gefühlt dickste überm Bett erschlug. Es war auch schwer begreiflich für einen Europäer, dass ein Hausangestellter ausschließlich für ein Amt bestimmt war: Ausgeschlossen, dass der Nachtwächter mal den Koch ablöste, die Verständigung mit ihnen beiden wie auch anderen lief in einer Mixtur aus Urdu und »Benglisch« ab. Es gab Botschaftsräte, die ihr Heimweh gern in sehr viel Whisky ertränkten, neben der Tristesse aber auch smarte Konsuln, denen ich mehr schlecht als recht Deutschunterricht erteilte und die mich dafür ab und zu einluden: nach Murree, einem eleganten Luftkur-Bergdorf in der Manier von Beverly Hills, ins malerische Hunzatal mit den schönsten Menschen, die ich je sah. Oder im Flugzeug einmal um den K2, nach dem Mount Everest der zweithöchste Berg der Erde. Das ruckartige Kreisen um das schneebedeckte Trumm, das wir wagten, war nicht ganz ungefährlich, aber aufregend. Aufregend wie der Gaul, der mich mit seinem »Master of riding« oft abholte und einmal wie gesengt durchging, in rasendem Tempo vorbei an Doppelbussen und an schreienden Kindern.

Irgendwie sind mir originelle bis chaotische Abenteuer stets zuverlässig zugefallen, ich zog sie geradezu an. Und es sollte so bleiben. Reich an Eindrücken und Körpergewicht kam ich nach einem zweiwöchigen Umweg über Nairobi nach zehn Monaten wieder zurück nach Deutschland. Die Hippiekleider und die Ketten aus Pakistan hätte ich am liebsten durchgehend weitergetragen. So wie die damals üblichen — und so ganz und gar nicht comtessenhaften — Batik-T-Shirts. Dann aber standen große Feste an, und wir bekamen erste Abendkleider verpasst, die heute bereits 13-Jährige tragen. Die Hochzeit einer Cousine auf einem Megaschloss war märchenhaft schön, auch wenn eine bösartige Tante meiner Mutter danach schrieb: »Deine runden süßen Zwillinge ...« Wie unverschämt. Da beschloss ich abzunehmen, so konnte es nicht weitergehen. Ich verordnete mir ein halbes Jahr hart gekochte Eier und Joghurt mit gekochtem Reis. Gewöhnungsbedürftig.

Marie Waldburg

Lehrjahre 1966 bis 1976

Endlich Aufbruch in die weite Welt! Endlich Freiheit! Die war man so gar nicht gewohnt nach sieben Jahren im Kloster. Wer bin ich? Was will ich im Leben erreichen? Fragen, die ich mir zu Anfang eher weniger, aber vor allem später im Beruf oft stellte. Es kam mir gerade recht, dass mich mein Diplomatenschwager fragte, ob ich nach Pakistan nachkommen wolle: primär zur Kinderbetreuung, jedoch auch zum Tapetenwechsel, zum Eintauchen in ein fernes Land. Pakistan, das klang für mich wie »Tausendundeine Nacht«, exotisch, farbenfroh, mit exotischen Gewürzen in der Luft, weit weg, abenteuerlich. Es war mein allererster Flug, damals mit 18 Jahren. Die Eltern waren schon vor Ort, mein zweijähriger Neffe und ich flogen hinterher. Ich sah aus wie 15, weshalb viele Passagiere sorgenvoll bis mitleidig dreinschauten: »So jung und schon ein Kind ...«

Die Botschaft in Islamabad, die wir nach endloser Reise mit Umsteigen in Athen und Karatschi erreichten, war funkelnagelneu, eine Retortenstadt, hässlich und fantasielos aus dem Wüstenboden gestampft. Botschaften und Residenzen waren erst im Aufbau, den Diplomaten wurden halb fertige Häuser hingestellt. Trotz allem — die Neue Welt, damals noch friedlich, war megaspannend für mich. Den Khaiberpass als Brücke nach Afghanistan konnte man 1966 genauso offen passieren wie die bayerische Alpenstraße. Ein paar Pakistani hockten bei unserer ersten Fahrt nach Kabul am Wegrand, keine Waffen in Sicht. Die Männer mit den langen Gehröcken, Pluderhosen und Turbanen waren arm, lebten aber in Frieden. Prachtvolle Ausblicke boten sich unterwegs auf schneebedeckte Berge, die zum Greifen nah schienen, in der Stadt warteten dann Basare mit Nüssen, Stoffen, Obst und Gemüse auf Kundschaft. Mädchen und Buben aus den internationalen Schulen prägten mit ihren pittoresken Uniformen das Straßenbild ebenso wie die mosaikverzierten Moscheen, um die es behäbig-friedlich und zugleich aufregend-betriebsam zuging. Amerikanische und englische Professoren lehrten an den Unis, die Hoffnung auf westliche Einflüsse und ein Mithaltenkönnen in der Wirtschaftswelt war groß.

Zugegeben: Für einen Diplomaten, der auch nach Paris, London, Kopenhagen oder Rom hätte geschickt werden können, war Pakistan nicht gerade der Joker. Nicht nur, weil permanent Gefahren lauerten: Junge Mütter, wie meine Schwester, kochten akribisch alles ab, bevor es in den Topf kam, und es gab Kreuzspinnen, von denen

GLÜCK
mischt sich mit
SCHNEEFLOCKEN

dazwischen ein Stückchen Schaumgold zu finden! Wir dachten ganz sicher, die Engel hätten es von ihren Flügeln verloren.

Und dann war plötzlich der Weihnachtsabend da! Geheimnisvoll rauschend wurde der Tannenbaum durch das Haus getragen, mit Herzklopfen lauschten wir, in unserem Kinderzimmer eingeschlossen, wie die Zweige unsere Tür streiften, Von dem Augenblick an war das Wohnzimmer uns für den ganzen Tag verschlossen. Unsere Puppen saßen schon längst festlich gekleidet auf dem Fensterbrett und durften all die Herrlichkeiten früher sehen als wir. Wir lagen auf dem Fußboden und versuchten, durch die Ritzen der Tür irgendeinen Schimmer der Herrlichkeiten zu erspähen.

Ach, und wenn es dann Abend wurde und die verschlossene Tür sich weit auftat, Geheimnisse sich enthüllten und alles voll Glanz und Freude war! Weihnachtsfreude, Kinderseligkeit, so oft geschildert, so oft besungen, wer fände aber doch die rechten Worte, alles das ganz auszusprechen!

Monika Hunnius

Mein Weihnachten

Weihnachten! Welch ein Zauber liegt in diesem Wort! Mir ist es immer, als öffnete sich damit der Blick in den Sternenhimmel, und die Freude funkelte herab, auch in die Dunkelheit trüber Zeiten. Man stellt seine Sorgenlast für eine Weile beiseite und befreit seine Seele, damit sie hell dastehe, frei vom Alltagsstaub, und das Licht aufnimmt und widerstrahlt, Liebe empfängt und Liebe gibt. In wie vielen Herzen, die von der Not des Lebens dunkel geworden sind, strahlt das Licht der Weihnachtsfreude, lehrt sie aufschauen und wieder an das Licht glauben, wie viel Ohren, die sich verschlossen hatten, tun sich auf bei dem Klang der Weihnachtsglocken und horchen auf die frohe Botschaft, die uns allen verkündigt wird. Kommt auch bald wieder der Alltag zu seinem Recht, kommen auch die dunklen Zeiten wieder, erlischt die Freude in manchem Leben ganz, man hat doch immer wieder ins Licht schauen dürfen, man hat den Klang der Weihnachtsglocken gehört, man war doch wieder einmal froh gewesen und hatte Liebe gegeben und empfangen. – Gesegnet sei darum unser liebes Weihnachtsfest! –

Wir lebten in einer kleinen Stadt Estlands, unser Haus lag dicht an der Kirche, und das Glockengeläute an den Festtagen durchtönte es bis in den letzten Winkel; dadurch hatten die Festtage bei uns ein ganz besonderes Gepräge. Auch verstand meine Mutter so wunderbar, Feste zu feiern. Es war so viel Freude in ihr, und die Freude ging wie ein großer Strom voll Leben von ihr aus. Niemals aber empfanden wir das so stark wie in der Weihnachtszeit.

Wie herrlich waren schon die Vorbereitungen! Die ganze Adventszeit war so voller Erwartung; der bunte Adventsstern, der vom ersten Advent an in unserem Zimmer hing, die Advents- und Weihnachtslieder, die wir mit unserer Mutter sangen, und die Geheimnisse, die um uns entstanden! Es war gar kein Alltag mehr, denn jeder Tag war durchrauscht von froher Feststimmung und Erwartung.

Wie köstlich war es, wenn Mutter dazwischen in ihrem Zimmer verschwand und wir nicht hineinkommen durften! Wenn sie auf Besorgungen ging, bei denen wir sie nicht begleiten durften und von wo sie mit großen, geheimnisvollen Paketen wieder heimkam! Wie köstlich war es, auf dem Fußboden von Mutters Zimmer

nicht zur Zeit kam und seine Kulis nicht zufassten, weil kein ordentlicher Mistri dahinter war. Am zweiten Morgen blieben die Kulis ganz aus; Jürgen ärgerte sich so sehr, dass er ohne Frühstück an Land ging, um, da der andere seinen Kontrakt nicht eingehalten hatte, Janet Alli anzunehmen, und so haben wir unseren schönen Romeo wieder.

8. Juni. Inzwischen stieg die Hitze von Tag zu Tag, sodass wir mit Freuden Röders liebenswürdiges Erbieten annahmen, die Nächte in ihrem Gastzimmer zuzubringen, und ich kann nicht sagen, welche Wonne es war, nach der niedrigen stickigen Kammer an Bord in dem hohen weiten Zimmer in einem Bett von sechs Fuß im Geviert unter dem Moskitonetz zu liegen, dicht am offenen Fenster, durch das die kühle Nachtluft einströmte. Jedes Mal, wenn ich wieder von Bord komme, empfinde ich die Wohltat von Neuem.

Eugenie Rosenberger

Bassein.

Am 27. Mai verließen wir Rangun und in zwei Tagen und zwei Nächten erreichten wir Bassein, denn Jürgen hatte es bei dem unsicheren Wetter dieser Jahreszeit für besser gehalten, einen Schlepper zu nehmen, und ich fand es sehr angenehm, so mit Vorspann zu fahren. Der »Clive« ist ein kräftiger kleiner Dampfer, und wir merkten von dem Gegenwind, der uns sonst vielleicht wer weiß wie lange aufgehalten hätte, so gut wie nichts. Die Fahrt den Fluss hinauf war herrlich. Die ersten Regen sind vorbei und das Land ist grün, die Bäume hell und frisch; man fuhr zwischen den Ufern wie durch einen Park. Büffel badeten im Sumpf, von denen man kaum mehr als die Schnauze und die Hörner bemerkte, Herden von Zebus mit ihren Kälbchen grasten auf den Wiesen, neue Reismühlen mit schmucken Wohnhäusern und behäbige birmanische Dörfer zeigten, dass auch hier die Gegend im Aufschwung begriffen ist. Je weiter wir kamen, umso schöner wurde es; Straßen unter Bäumen, die auf den Fluss münden, Häuser an Wasserläufen mit kleinen Brücken neben Palmen und Mangobäumen, wo braune Kinder zusammenliefen und jauchzend das vorüberziehende Schiff betrachteten, zwischen dem übrigen Laub die herrliche Flame of the forest, über und über in Blüte, alles so frisch und maigrün, es war ganz bezaubernd, und dazu die weiche indische Luft.

Jürgen ging sofort an Land und gleich im Vorübergehen zu Röders; am nächsten Morgen begrüßte ich die Freunde, die ich unverändert wiederfand. Da wir von Mohr Brothers beladen werden, so kommen wir vor ihre Reismühle, also vor das Röder'sche Haus zu liegen. Bis wir unser Salz los sind, bleiben wir jedoch auf dem Strom.

Als wir nun festlagen und einer nach dem andern der alten Bekannten erschien, kam auch Janet Alli, der schöne Dubasch, dem Tränen in die Augen traten, als er hörte, er solle das Schiff nicht haben – es war schon bei Diamond Isle ein brauner Biedermann ihm zuvorgekommen und hatte sich als Löscher und Dubasch empfohlen; sein verdächtig niedriges Angebot, sieben Annas per Tonne, erklärte er dadurch, dass er ein Anfänger sei, der erst Kundschaft zu gewinnen suche. Es stellte sich aber bald heraus, dass er nicht Leute genug beschaffen konnte,

Die Weihnachtskiste

Weihnachten rückte heran, und fleißig rührten sich alle Hände. Es wurde genäht, gestickt, gezeichnet; Klavierstücke wurden eingeübt, um Eltern und Angehörige liebevoll zu überraschen.

»Was willst du deinen Eltern geben?«, fragte Nellie, die eifrig dabei war, mit viel Talent eine Kreidezeichnung zu vollenden. Sie sollte ein Geschenk für den Onkel in London werden, der sie im Institut ausbilden ließ.

»Ich habe noch nicht darüber nachgedacht«, entgegnete Ilse. »Meinst du, Nellie«, fügte sie nach einigem Nachdenken hinzu, »dass die Blumen, die ich jetzt zeichne, Papa Freude machen würden?«

»Oh, sicher! Aber du musst sehr fleißig sein, mein klein Ilschen, sonst wird das liebe Christfest kommen und du bist noch lange nicht fertig. – Und was willst du deiner Mutter geben?«, fragte Nellie.

»Meiner Mama?« Ilse dehnte ihre Frage in die Länge. »Ich werde ihr etwas kaufen«, sagte sie dann obenhin.

Nellie war mit dieser Antwort nicht zufrieden. »Kaufen, das macht keine Freude«, tadelte sie. »Warum wollen deine Finger faul sein?«

»Nellie hat recht«, mischte sich Rosi in das Gespräch, die neben Ilse saß und an einer Tischdecke arbeitete. »Deine Mutter wird wenig Freude an einem gekauften Gegenstand haben.«

»Ich bin zu ungeschickt«, gestand Ilse offen.

»Wir werden dir helfen und dir alles gern zeigen«, versprach Rosi. »Du kannst ein kleines Nähkörbchen wie Annemie arbeiten, ich weiß bestimmt, es wird dir gelingen.«

Und es gelang wirklich, sogar weit besser, als Ilse es sich selbst zugetraut hatte. Sie freute sich wie ein Kind, als das Körbchen so wohlgelungen in acht Tagen fix und fertig vor ihr stand.

»Freust du dir sehr auf Weihnachten? Ja?«, fragte Nellie. »Es ist doch schön, die lieben Eltern wiederzusehen.«

Ilse zögerte mit der Antwort. Sie erinnerte sich, wie sie im Sommer ihrem Vater entschieden erklärt hatte, zum Christfest nicht nach Hause kommen zu wollen. Ihre Einstellung war die gleiche geblieben, denn sie konnte den Groll gegen die

Mutter nicht überwinden. Sie war sich selbst darüber im Klaren und gestand es sich in ihrem Inneren heimlich ein, wie nötig für ihr Wissen und ihre Ausbildung der Aufenthalt in der Pension war, doch hielt sie immer noch an dem Gedanken fest: »Sie hat mich fortgeschickt.«

»Ich werde hierbleiben!«, sagte sie; »ich will das Weihnachtsfest mit euch verleben!«

»Das ist famos!«, rief Nellie entzückt. »Ich freue mir furchtbar, dass du nicht fortreisen willst! All unsre Freunde reisen auch nicht, und es ist so schön hier, die Heilige Christ. Alles bekommt eine große Kiste von Haus, mit allen Bescherung und Schokolad und Marzipan. Und die Christabend wird jede Kiste aufgenagelt und ich helfe auspacken, der einen und der andren.«

»Erhältst du keine Kiste?«, fragte Ilse.

»Du weißt, ich hab kein' Eltern! Wer sollte mich beschenken?«

»Gar nichts bekommst du?« Ilse begriff es nicht.

»Zu Neujahr schenkt mein Onkel für mir Geld; da kaufe ich mir, was ich notwendig habe.«

Ilse sah die Freundin schweigend an. Am Abend aber schrieb sie einen langen Brief nach Hause, in dem sie zuerst ihren Entschluss mitteilte, dass sie die Weihnachtstage mit den Freundinnen feiern wollte. Dann schilderte sie ihrem Vater mit vielen zärtlichen Schmeicheleien ihren Geldmangel, und zuletzt gedachte sie mit warmen Worten Nellies. »Noch eine dringende Bitte habe ich zum Schluss«, fuhr sie in ihrem Brief fort. »Meine Freundin Nellie ist die Einzige in der ganzen Schule, die keine Weihnachtskiste erhalten wird. Sie ist eine Waise und steht ganz allein in der Welt. Ihr Onkel in London lässt sie als Erzieherin ausbilden. Ist das nicht furchtbar traurig? Ach, und die arme Nellie ist noch so jung und immer so fröhlich! Ich kann mir gar nicht denken, dass sie Erzieherin werden soll. Es ist doch schrecklich, wenn man kein liebes Vaterhaus hat! Nun wolle ich Euch recht von Herzen bitten, Ihr möchtet die Geschenke, die Ihr mir zugedacht habt, zwischen mir und meiner Nellie teilen und zwei Kisten daraus machen. Bitte, bitte! Ihr schenkt mir stets so viel, dass ich doch immer noch genug habe, wenn es auch nur die Hälfte ist. Ich würde gewiss keine rechte Freude am Heiligen Abend haben, wenn Nellie gar nichts auszupacken hätte. Ich erhielt Eure Erlaubnis, an den Tanzstunden nach Weihnachten teilnehmen zu dürfen, und Du, liebe Mama, versprachst mir ein neues Kleid dazu. Kaufe mir keins! Mein blaues ist noch sehr gut, und ich komme damit aus. Schenk Nellie dafür etwas, bitte! Mit diesem heißen Wunsch umarmt Euch

Eure dankbare Ilse

Emmy von Rhoden

O selge Zeit,
wenn Liebe sich im Stillen müht
und nicht genug zu tun weiß,
wenn mitten unter Schnee und Eis
die Blume des Erbarmens blüht,
wenn jubelnd sich die Glocken schwingen
und jedem, der es hören will,
die süße Weihnachtsbotschaft bringen.
»Das Christkind kommt, seid froh und still!«

Anna Ritter

Weihnachtszeit

Seit Jahren hat's nicht so geschneit!
Das rieselt, rinnt und häuft sich an,
dass man im Lande weit und breit
nicht Weg noch Steg erkennen kann.
Die Stadt sieht wie ein Märchen aus.
Hat jedes Häuschen, jedes Haus
ein Mützchen auf aus weißem Schnee,
das blitzt und blinkt im Sonnenschein,
als wär's von lauter Edelstein.
Und drinnen gibt's verschlossne Türen!
Ein Zimmer, das das ganze Jahr
genau wie andre Zimmer war,
bekommt ein feierlich Gesicht.
Oft ist's zur Dämmerung, als glitten
verstohlne Schritte hin und her,
man sieht ein heimlich huschend Licht,
als ob das Christkind drinnen wär!
Verschwiegene Päckchen kommen an,
die rascheln gar so wunderlich,
wenn kleine Finger daran rühren ...
Doch Mutter wehrt auf alle Bitten.
»Nicht fragen, 's ist vom Weihnachtsmann!«
Ein unbestimmter Kuchenduft
liegt wunderlieblich in der Luft.
Die Kinder schnuppern leis herum
und schaun sich an und lachen stumm
und drücken sich am Schlüsselloch
die Nasen platt ...

Ausflug zu den Pyramiden von Giseh

25. August 1842

Um vier Uhr nachmittags verließ ich Kairo, fuhr über zwei Arme des Nils und langte nach ungefähr zwei Stunden glücklich zu Giseh an. Wir mussten, da der Nil viele Orte unter Wasser gesetzt hatte, häufige Umwege machen, einige Male Kanäle übersetzen und viel durch Wasser reiten; ja, wo es für unsere Esel zu tief war, uns sogar hinübertragen lassen. In Giseh ging ich in Ermangelung eines Gasthauses zu dem Kapellmeister Herrn K., an den ich von Kairo einen Empfehlungsbrief mitgebracht hatte. Herr K. ist ein geborener Böhme und als Musiklehrer der militärischen Jugend in den Diensten des Vizekönigs von Ägypten. Ich ward hier sehr gut aufgenommen, und Herr K. hatte eine große Freude, wieder einmal mit jemandem deutsch sprechen zu können. Wir unterhielten uns über Beethoven und Mozart, über Strauß und Lanner, nur von den jetzigen Bravour-Kompositeurs Thalberg, Liszt u. a. war noch nichts bis hierhergedrungen.

Nach einem angenehm verplauderten Abend suchte ich, ermüdet vom Ritt und von der Hitze, mein Lager und freute mich sehr, auf dem weichen elastischen Diwan, der mir so freundlich entgegenlächelte, Kraft und Erholung für den kommenden Morgen sammeln zu können. Da bemerkte ich, als ich vom Diwan Besitz nehmen wollte, an der Wand eine Unzahl kleiner schwarzer Flecken. Ich nahm das Licht, um zu sehen, was es sei. Bald wäre mir vor Schreck der Leuchter entfallen, die ganze Wand war voll Wanzen. So etwas sah ich noch im Leben nicht. Nun war es vorbei mit Schlaf und Ruhe. Ich setzte mich auf einen Stuhl und wartete, bis alles still und ruhig war. Dann schlich ich in die Vorhalle und legte mich in meinen Mantel gehüllt auf die Steine.

Dem einen Ungeziefer entging ich, dem größeren aber, den zahllosen Mücken, blieb ich dennoch verfallen. So viele schlechte Nachtquartiere mir bereits auf meiner Reise geworden waren, dieses blieb das schlechteste.

Dagegen war es mir aber auch sehr leicht, lange schon vor Sonnenaufgang zur Weiterreise bereit zu sein. Noch vor Tagesanbruch beurlaubte ich mich bei meinem freundlichen Wirt und ritt mit meinem Diener dem Riesenwerk zu.

Da wir der Überschwemmungen wegen auch heute wieder viele Umwege und Überfahrten machen mussten, gelangten wir erst nach anderthalb Stunden an den breiten Nilarm, der uns von der Libyschen Wüste, in welcher die Pyramiden stehen, trennte. Nun hatten wir noch eine Viertelstunde durch tiefen Sand zu waten und standen am Ziel unserer kleinen Reise.

Natürlich sieht man die beiden kolossalen Pyramiden gleich außer der Stadt und behält sie fast immer im Auge, allein auch hier war meine Erwartung und Vorstellung, die ich mir von ihnen gemacht hatte, viel größer gewesen; ich fand diese Riesenwerke nicht so überraschend. Ihre Höhe erscheint jetzt nicht mehr so außerordentlich, weil ein bedeutender Teil des unteren Baus versandet und dadurch dem Auge entzogen ist; auch steht weder Baum noch Hütte noch sonst etwas in der Nähe, wodurch der Unterschied der Höhe mehr herausgehoben würde.

Da es noch ziemlich früh und daher kühl war, zog ich es vor, die Pyramide von außen zu ersteigen und dann erst hineinzugehen. Wer im Geringsten den Schwindel zu fürchten hat, der unternehme diese Partie ja nicht, er wäre rettungslos verloren. Man denke sich, eine Höhe von fünfhundert Fuß ohne Geländer und ohne bequeme Treppe zu erklimmen! Nur an einer einzigen Kante der Pyramide sind die ungeheuren Steine so bearbeitet, dass sie wohl eine Art Treppe bilden, aber natürlich eine der beschwerlichsten, die es geben kann, indem viele dieser einzelnen Blöcke über vier Schuh hoch sind, ohne dass man an ihnen ein Plätzchen fände, den Fuß einzusetzen, um sich hinaufzuschwingen. Da stiegen denn immer zwei Araber zuerst hinauf, reichten mir die Hände und zogen mich auf diese Art von einem solchen Block auf den andern. Über die kleineren kletterte ich lieber allein. Nach drei viertel Stunden gelangte ich auf die höchste Spitze der Pyramide.

Träumend und sinnend stand ich lange da und konnte es kaum fassen, dass auch ich unter die kleine Zahl gehöre, die so glücklich sind, den höchsten und unzerstörbarsten Bau menschlicher Kunst und menschlichen Fleißes anzustaunen und bewundern zu können. Im ersten Augenblick war ich kaum fähig, einen Blick von dieser schwindelnden Höhe hinab in die Tiefe und in die Ferne zu werfen, ich betrachtete nur die Pyramide und musste mich ordentlich mit dem Gedanken vertraut machen, dass kein Traum mich dahergezaubert habe. Nach und nach erst kam ich zu mir selbst und betrachtete die weit unter mir ausgebreitete Landschaft. Von diesem Punkt aus konnte ich das Riesenwerk besser ermessen und ward mehr von seiner Größe hingerissen als von unten, denn hier tat es der Höhe keinen Eintrag, dass der untere Teil der Pyramide versandet war. Ich sah den Nil tief unten fließen, ich sah einige Beduinen stehen, die die Neugierde herbeigezogen hatte und, von meiner Höhe betrachtet, wahrhaftigen Zwergen glichen. Ich sah im Hinaufsteigen die ungeheuren Felsblöcke im Einzelnen und in ihrem Umfang, und da begreift man wohl, dass diese Denkmäler mit Recht zu den sieben Wundern der Welt gezählt werden.

Schon auf dem Kastell war die Aussicht schön, hier oben aber, wo der Blick durch nichts als den Horizont und das Mokkatam-Gebirge begrenzt ist, war sie noch viel großartiger. Weithin konnte ich den Strom mit seinen vielen, vielen Armen und Kanälen verfolgen, bis sich der Horizont zu ihm hinabneigte und das Bild von dieser Seite schloss; und die Unzahl von Gärten, die die große ausgebreitete Stadt mit ihren nächsten Umgebungen umfing, die große Wüste mit ihren Flächen und Sandhügeln, die lang gedehnte Felsenkette des Mokkatam, alles lag vor mir ausgebreitet, und lange saß ich da, schaute um mich und dachte an all meine Lieben daheim, mit denen ich so gern die seligen Gefühle geteilt hätte, die mich hier erfassten.

Doch nun ward es Zeit, nicht bloß hinabzuschauen, sondern auch hinabzugehen. Die meisten finden das Abwärtssteigen beschwerlicher als das Hinaufklettern. Bei mir war es umgekehrt. An Schwindel leide ich nicht, und so stieg ich mit dem Gesicht nach vorn gewendet auf folgende Art sehr schnell und ohne die Hilfe der Araber hinab. Auf den kleinen Stufen sprang ich von der einen zur andern; kam ein drei oder vier Schuh hoher Fels, so setzte ich mich nieder und ließ mich hinabgleiten, und dies alles machte ich so schnell und behände, dass ich lange vor meinem Diener hinabkam. Selbst die Araber bezeigten ihre Freude über meine Gewandtheit und Furchtlosigkeit auf dieser gefahrvollen Passage. Nach einer kleinen Rast und einem eingenommenen Frühmahl ging es in das Innere. Da muss man über einen Haufen von Sand und Steinen steigen, dann geht es abwärts zum Eingang, der ziemlich schmal und so niedrig ist, dass man oft gebückt gehen muss. Den Gang, der hineinführt, hätte ich ohne die Hilfe der Araber nicht betreten können. Er ist so abschüssig und führt über polierte

Steine, dass ich samt der Hilfe meiner Führer mehr hinabglitt als ging. Das erste Gemach, das man betritt, heißt das Zimmer der Königin, es hat ganz die Größe und Höhe eines gewöhnlichen Zimmers. Von diesem führt ein noch viel schlechterer Weg in das Zimmer des Königs. Die Araber setzten die Füße in eingehauene Löcher ein und klammerten sich mit der einen Hand an ausgehauene Stellen, während sie mit der andern mich nach sich zogen. Auch hier waren die Steine so glatt, dass man mehr darüber glitt als gehen konnte. Das Gemach des Königs ist größer und gleicht einem kleinen Saal. An einer Seite steht ein kleiner leerer Sarkophag ohne Deckel. Die Wände sowohl der Gemächer als auch der Gänge sind mit den größten und schönsten polierten Granit- oder Marmorplatten ausgetäfelt. In die anderen Gänge oder vielmehr Löcher, welche noch zu besuchen gewesen wären, kam ich nicht.

Ida Pfeiffer

Vielleicht bedeutet Liebe,

dass man die Hände so voller Geschenke hat,

dass man sie nicht mehr ausstrecken kann,

um ein Geschenk entgegenzunehmen.

Elizabeth Barrett-Browning

Die Liebe soll die Welt regieren,
und Weihnacht zeigt, dass sie's vermag,
doch höhres Ziel muss sie sich küren,
als schaffen nur für einen Tag,
der eine Tag soll allen lehren;
solch Mühn und Opfern wohl uns ziert,
die wir das Wort der Weihnacht ehren:
dass Liebe nur die Welt regiert –
auch Völkerwünsche sich erfüllen
nicht durch das Wunder einer Nacht,
drum mühe jeder sich im Stillen,
bis einst das Liebeswerk vollbracht;
bis dass im ganzen Vaterlande
der Freiheit Christbaum leuchtend glüht –
solch Wunder kommt gewiss zustande,
wenn alles Volk darum sich müht.

Louise Otto

Autorinnen

Joana Angelides (*1950)
ist eine österreichische Autorin und Lyrikerin.

Charlotte Brontë (1816–1855)
war eine britische Schriftstellerin. Der literarische Durchbruch gelang ihr 1847 mit dem Roman Jane Eyre. Sie veröffentlichte unter dem Pseudonym Currer Bell.

Hanna Buiting (*1992)
ist eine deutsche Autorin, Journalistin und Kolumnistin.

Marie von Ebner-Eschenbach (1830–1916)
gehört zu den bedeutendsten deutschsprachigen Schriftsteller*innen des 19. Jahrhunderts. Bereits in frühen Jahren erkannte und förderte ihre Stiefmutter ihr schriftstellerisches Talent.

Monika Hunnius (1858–1934)
war eine deutsch-baltische Schriftstellerin. Sie gehört zu den bekanntesten deutschen Autorinnen des Baltikums im 20. Jahrhundert.

Selma Lagerlöf (1858–1940)
war eine schwedische Schriftstellerin. 1906 schieb sie Die wunderbare Reise des kleinen Nils Holgersson mit den Wildgänsen, eines ihrer populärsten Bücher. 1909 erhielt sie als erste Frau den Nobelpreis für Literatur.

Rosa Luxemburg (1871–1919)
gilt als Symbolfigur für Freiheit und Gleichheit. Von 1915 bis 1918 befand sie sich in Schutzhaft. Ihren Kampf um politische Gerechtigkeit bezahlte sie mit ihrem Leben.

Malwida von Meysenbug (1816–1903)
war eine deutsche Schriftstellerin. Sie trat entschlossen für Frauenemanzipation ein und war die erste Frau, die 1901 für den Literaturnobelpreis nominiert wurde.

Charlotte Niese (1854–1935)
war eine deutsche Schriftstellerin, Lyrikerin und Lehrerin. In ihrem literarischen Gesamtwerk engagierte sie sich für die Verbesserung der Bildungs- und Berufschancen von Frauen.

Ida Pfeiffer (1797–1858)
war eine österreichische Weltreisende, die als erste europäische Frau das Innere der Insel Borneo durchquerte. Sie hielt ihre Erfahrungen in einem Tagebuch fest.

Franziska zu Reventlow (1871–1918)
war eine deutsche Schriftstellerin und Übersetzerin. Schon früh zeigte sie Widerstand gegen die Erziehung zur »höheren Tochter« und die gängige Sexualmoral.

Emmy von Rhoden (1829–1885)
war eine deutsche Schriftstellerin. Ihr Roman Der Trotzkopf wurde ein großer Erfolg und zählt bis heute zur Standard-Lektüre der „Backfischgeneration".

Anna Ritter (1865–1921)
war eine deutsche Lyrikerin und Schriftstellerin. Eins ihrer bekanntesten Werke ist das Gedicht „Denkt euch, ich habe das Christkind geseh'n".

Eugenie Rosenberger (1838–1931)
war Ehefrau eines Kapitäns der Handelsmarine und fuhr auf verschiedenen Reisen ihres Mannes über fast die ganze Welt mit. Ihre Erlebnisse hielt sie in einem Tagebuch fest.

Annemarie Schwarzenbach (1908–1942)
war eine Schweizer Schriftstellerin, Journalistin und Fotografin. Zumeist im Auftrag von Schweizer Zeitungen hielt sie sich in verschiedenen Ländern der Welt auf (u. a. Persien, Russland, Afghanistan, Marokko).

Francisca Stoecklin (1894–1931)
war eine Schweizer Lyrikerin und Künstlerin.

Carmen Sylva (1843–1916)
war das Pseudonym der Prinzessin Elisabeth zu Wied, spätere Königin von Rumänien. Sie schrieb eigene Werke und übersetzte aus dem Französischen ins Deutsche. 1905 übernahm sie die Schirmherrschaft des neu gegründeten Berliner Lyceum-Klubs zur Förderung von Künstlerinnen und Wissenschaftlerinnen.

Daniela Vogel (*1981)
ist eine deutsche Lektorin und Autorin.

Marie Waldburg (*1948)
ist eine deutsche Journalistin, Gesellschaftskolumnistin und Buchautorin.

Meike Winnemuth (*1960)
ist eine deutsche Journalistin und Buchautorin. 2010 gewann sie in einer TV-Quizshow und reiste mit ihrem Gewinn zwölf Monaten um die Welt. Ihre Erlebnisse beschrieb sie in dem Buch Das große Los, mit dem sie einen Spiegel-Bestseller landete.

Quellen

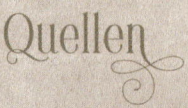

Joana Angelides, **Advent** © bei der Autorin

Hanna Buiting, **Einfach nur so & Glanz** © Coppenrath Verlag GmbH & Co. KG, Münster

Annemarie Wagner, **Winternacht & Weihnacht** © bei der Autorin

Marie Waldburg: **Lehrjahre 1966 bis 1976.**
Aus: Marie Waldburg: Meistens diskret: Erinnerungen
einer Society-Reporterin. © teNeues Media 2018

Meike Winnemuth, **Das Loben der Anderen,**
aus: Meike Winnemuth, Um es kurz zu machen. Über das
unverschämte Glück, auf der Welt zu sein © 2015 Albrecht Knaus
Verlag, München, in der Penguin Random House Verlagsgruppe GmbH

Daniela Vogel, **Ein Wintertag** © bei der Autorin

* Indianer:in:
Der Begriff „Indianer" geht auf einen kolonialen Neologismus und den irrtümlichen
Glauben Christoph Kolumbus', er sei in Indien gelandet, zurück. Er wurde auch nach
der Aufklärung des Fehlers beibehalten und war lange eine vorrangig neutrale Bezeichnung
für die indigenen Völker Amerikas. Aus heutiger Sicht ist dieser Begriff kritisch zu betrachten, da er eine kolonialzeitliche Fremdbezeichnung ist und eine Homogenisierung nicht
zusammenhängender Gruppen darstellt.